数/学/家/传/奇/丛/书

主编：杜瑞芝

闪烁奇星

——伽罗瓦

莉 ◇ 著

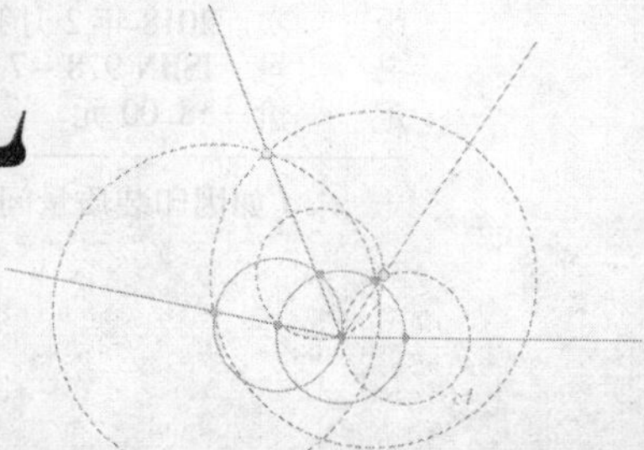

哈爾濱工業大學出版社
HARBIN INSTITUTE OF TECHNOLOGY PRESS

内容简介

本书主要介绍了伟大的数学家、革命家伽罗瓦传奇、曲折、短暂的一生,还具体介绍了伽罗瓦的家庭背景和生活的时代背景。讲述了为何智慧超群的他,生命如此短暂及在他短暂的人生中留给后人宝贵的数学理论和精神财富。

本书史料翔实,写的深入浅出,通俗易懂,可供广大青少年及对数学史感兴趣的读者阅读。

图书在版编目(CIP)数据

闪烁奇星——伽罗瓦/李莉著.—哈尔滨:哈尔滨工业大学出版社,2018.2(2020.9 重印)
(数学家传奇丛书)
ISBN 978-7-5603-6759-0

Ⅰ.①闪… Ⅱ.①李… Ⅲ.①伽罗瓦(Galois, Evariste 1811-1832)-传记 Ⅳ.①K835.656.11

中国版本图书馆 CIP 数据核字(2017)第 158251 号

策划编辑　刘培杰　张永芹
责任编辑　张永芹　邵长玲
封面设计　孙茵艾
出版发行　哈尔滨工业大学出版社
社　　址　哈尔滨市南岗区复华四道街 10 号　邮编 150006
传　　真　0451-86414749
网　　址　http://hitpress.hit.edu.cn
印　　刷　三河市同力彩印有限公司
开　　本　787mm×960mm　1/32　印张 9.25　字数 137 千字
版　　次　2018 年 2 月第 1 版　2020 年 9 月第 4 次印刷
书　　号　ISBN 978-7-5603-6759-0
定　　价　58.00 元

序　言

我与杜瑞芝教授是多年的朋友。她受教于梁宗巨先生,专长为世界数学史研究,著作多多。她主编的一本《数学史辞典》,是我常用的工具书。进入新世纪,我们陆续退休,联系就少了。不久前,她打电话到我在上海苏州河畔的寓所,邀我为她主编的《数学家传奇丛书》(新版)作序。老友相托,深感荣幸。

数学,是人类文明的火车头。人类文明的第一个高峰是希腊文明。从泰勒斯、毕达哥拉斯到欧几里得,数学理性文明大放异彩。柏拉图学园的门口"不懂几何学者不得入内"的告示,彰显了数学文明的地位。欧几里得的《几何原本》是仅次于《圣经》的印刷量最大的欧洲出版物。我国把徐光启和利玛窦翻译的《几何原本》作为近代理性文明的开始。人类文明的第二个高峰，是以牛顿为代表的数学和物理学所开辟的科学黄金时代。接着，电磁学方程、热力学方程、流体力学方程、拉普拉斯方程书写了第三个现代文明，而爱因斯坦方程的基础则是黎曼几何。开启今日信息时代文明的仍然是一群数学家，其中有提出电子计算机结构方案的冯·诺依曼，信息论的创始人尚农，控制论的奠基人维纳等。展望未来，人类文明正在迈入"大数据、互联网、人工智能"的新时代，数学在其中依然起着引领的作用。未来的人类社会，许多体力和脑力工作都将被机器人所承担，但是数学智慧是机器人不可能全部掌握的。数学将越来越引人瞩目。

我在这里写数学之重要，是希望争取更多的读者，共同追寻数学的踪迹，研读数学家传记，汲取数学家人生的智慧经验，以迎接新时代的到来。在这套丛书里，展现了数学历史长河上一段又一段美妙的风景。丛书用9个数学家的传记，打开了从19世纪到20世纪数学发展的绚丽篇章。这些数学家的故事都是永恒难忘的经典，读后或令人掩卷深思，或令人拍案叫绝。总之，那会是一次领略数学智慧的阅读之旅。

康托尔的故事感人至深。他孤身一人，撞开了无限王国的大门。他给无限依大小排序，提出了基数论与序数论。那时，不但无人喝彩，倒招来一些非议。例如，无限集合中的部分可以等于全体，与常识相违。罗素提出的集合论悖论，让数学的天空布满乌云。“一切集合构成的集合”让人困惑不解。康托尔承受了重大的精神压力，抑郁大半生。但是，真理终于战胜了疑虑。时至今日，集合论的语言已经渗入到几乎所有的学科，包括中学相关学科。康托尔是人类精神世界里的战士、英雄和伟人，世人将会永远纪念他。

给我留下难忘印象的还有维纳的故事。这位控制论的奠基人，是一位神童。也许是因为思维过于敏捷，表述跟不上思维的速度，因而他讲课别人实在听不懂，不受欢迎。我醉心于他的是“反馈”概念的提出。原来他观察人去捡落在地上的铅笔，过程是脑指挥手接近铅笔，眼睛观察手与铅笔的距离和方向,并将数据反馈给大脑,大脑据此做出下一步给手的指令。反馈的概念,就这样成了控制论的基础。

如果说,康托尔的故事是告诉人们向未知进军需要巨大的勇气,那么维纳的故事则是教给人们如何获取科学灵感,展示科学智慧的来源。人物传记正是在"敢于"和"善于"向数学进军这样两个方面,用一些感人的细节给人以教育和启示。

数学史不能只局限于古代数学史,了解数学家也不能只局限于古代数学家。这套丛书除了有康托尔和维纳的传记之外,还包括了大家熟知的历史上最重要的数学家之一——高斯的传记。更令人瞩目的是收录了两位名垂青史的女数学家柯瓦列夫斯卡娅和埃米·诺特的传记:前者勇敢地与命运抗争,终于在男人称霸数坛的19世纪取得一席之地;后者大器晚成,一生专注数学,心无旁骛,以创立抽象代数学名垂数学史。本丛书还记录了两位命运坎坷的天才数学家阿贝尔和伽罗瓦,他们以短暂的生命为数学史留下了璀璨的光辉。还有以迷开始又以迷结束的电脑先驱图灵及游走全世界的、有"数学莫扎特"美称的数坛怪侠爱尔特希的传奇人生。

数学家传记出版得不是多了,而是少了。君不见,清华附小的小学生用大数据的排序算法,分析了苏轼诗词中用字用词的规律。大数据时代的数学正在渗透到日常生活的方方面面。可以预料,数学家传记的读者群也会越来越大。

写了一些感想,权作为序言。

张奠宙

2017 年 10 月

于沪上

原版序言

这是一套以传记文学形式介绍著名数学家生平的丛书。本来是要请家兄钱临照写个序言,他对科学史有研究,也热心支持科学家传记的写作,但是他已年逾九十,不便握笔写作。所以,他给我谈了些他的想法,勉励我代他写这个序言。

我对数学只有很肤浅的知识,但是我明白,数学这门学科对人类文明的发展实在是太重要了。在大多数学科里,一代人创造的或树立的东西,往往被下一代人所更新或推倒。只有数学,前人创造的成果都能为后人所用,而每一代人都是在以前的"建筑"上添砖加瓦。今天,像我们从事技术科学或工程建设的人，有谁能离开前人创造的数学知识呢？不仅如此，前辈数学家的治学精神、思维方法和奋斗经历对于从事科学技术工作的人来说，也是非常有教益的。

本丛书所展现的数学家，有的是开拓者，披荆斩棘，勇往直前；有的是继承发扬者，博采众长，继往开来。他们或少年早慧，头角峥嵘；或中年发愤，大器晚成；或天资聪颖，才华横溢；或天性鲁钝，以勤补拙；或步踏青云，皓首穷经；或屡遭坎坷，英年早逝；或生于名门，独树一帜；或出身贫寒，困苦玉成……总之，他们从不同侧面给我们以启迪、思考和奋发图强的力量。

本丛书的主编杜瑞芝教授是一位年富力强的数学史专业工作者，她在从事专业研究的同时，还有志于从事这种看似简单实则很不容易的数学史传播工作，是值得称道的。各分册的作者都是多年从事数学史和数学教育研究的高校教师。他们在研究数学家生平、学术贡献的基础上，注意探索数学家成才的因素、成功的契机，还特别记述了那些超出常人、能够动人心魄的事迹。各分册还配有数学家的肖像，以展示这些大师的精神风采。

本丛书具有较强的知识性、趣味性、可读性与普及性，对广大青年读者增长知识、开阔视野、陶冶情操，并立志献身科学是大有益处的。

1998 年 10 月

于大连

前　言

在数学发展的历史长河中，涌现出许多杰出的数学家。他们的发明创造是推动数学乃至科学技术发展的巨大动力，是人类文明的宝贵财富。没有数学家和广大人民群众的辛勤劳动，就不可能有今天高度发展的数学。然而，长期以来数学抽象的结构、艰涩的推理与枯燥复杂的算式，使得数学家好像与外界隔离开了。外界的人们，特别是年青的一代，觉得数学家是那样刻板而神秘，似乎远离尘世喧嚣。而数学家却很少受外界干扰，在数学王国里钻研得津津有味，自得其乐。著名数学家罗素（B. A. W. Russell，1872—1970）在学习欧氏几何时感慨道："我没想到世界上竟有如此有趣的东西。”数学大师陈省身说：“数学好玩。”可见学习和研究数学给他们带来了无穷的乐趣。这种数学家与外界相隔离的现象即使在数学高度发展、已几乎渗透到人类社会活动的一切领域的今天依然存在。

其实，数学家既是数学王国的主人，也是食人间烟火的凡人。怎样使人们走近数学家，了解他们的科学贡献、成长道路和个人品格，把数学家作为一个个活生生的、有血有肉的人，展现在读者面前，这应该是数学史家与数学教育工作者的任务。

经过认真的思考和多方的努力，我们尝试建立一条连通科学、历史与文学三者的纽带。在 20 世纪末，我们在哈尔滨出版社的支持下试图推出一套传记文学形式的《中外数学家传奇丛书》，以宣传数学家的事迹，激励年青一代投身科学。但是由于某些困难，仅在该社出版了三位中国数学家的传记，其余八位外国数学家的传记由山东教育出版社陆续出版，定名为《数学家传奇丛书》。该丛书问世后，颇受广大读者，特别是青年读者的欢迎，并很快售罄。为进一步满足广大读者的需要，同时也为传播数学文化做出新贡献,哈尔滨工业大学出版社决定推出新版《数学家传奇丛书》。新版除了对原丛书各分册做了适当的补充与修订外,又增加了《抽象代数之母——埃米·诺特》一册。

编写《数学家传奇丛书》是一种尝试,在国内还不多见。因此,难免会有这样或那样的不足,希望广大读者批评指正。同时,我们也十分热切地希望这项工作能得到广大数学工作者和科普工作者的关心和支持。让我们携起手来,为繁荣我国的数学事业,提高全民族科学文化素质而努力工作。

在新版丛书出版之际,我首先要特别感谢先师梁宗巨先生(1924—1995)。我于 20 世纪 70 年代末成为梁先生最早的研究生之一,是他引领我走上学习和研究数学史的道路,他严谨的治学态度始终影响着我。今年是先师去世 22 周年,愿以这套丛书聊表追思情怀。

原丛书的写作与出版曾得到中国数学会数学传播工作委员会以及中科院两位资深院士钱临照和钱令希的支持与帮助。钱令希先生在百忙之中亲笔为丛书作序,他关于数学科学的精辟见解,对于每一个数学工作者来说，都是一种激励。

新版丛书，很荣幸地请到了中国数学家、数学史家、数学教育名家张奠宙先生作序，令人感动和鼓舞。先生十分重视数学史知识的普及和数学文化的传播，他对数学重要性的阐述给了我们很大的启迪，在此对张奠宙先生表示衷心的感谢。

还要感谢哈尔滨工业大学出版社副社长刘培杰先生和编辑室主任张永芹同志的积极策划和鼎力支持，同时感谢为丛书付出大量辛勤劳动的各位编辑同志。

杜瑞芝

2017 年 10 月

于大连

导 言

本书是在尊重科学史实的基础上,略加个人分析编写而成。其中,伽罗瓦本人的信件、法庭证词、报刊公告等均属原始资料,无一更改。

在编写过程中,作者力求尽可能详细地展开伽罗瓦的生活、工作和他的内心世界的特点,以温馨质朴的语言向读者加以介绍。书中力图将伽罗瓦的生活、性格特点与他的科学创造、发现融为一体,将他对待科学和社会政治斗争的态度及责任感融为一体,以充分展示他既是创造奇迹的伟人,又是一个活生生的凡人的完整人格。将他战胜困难和挫折的勇气和信心,与他年轻好胜、经验不足的莽撞融为一体，生动地刻画了伽罗瓦，使读者更加深刻地认识伽罗瓦这位人类历史上的奇才，永远缅怀这位创造性地发展了数学历史的功臣。

书中较完整地引用和介绍了伽罗瓦的大量信件、笔记和手稿，使读者能够较全面地“看到”伽罗瓦，从而更深刻地体会伽罗瓦在创造人类文明过程中的心路历程。伽罗瓦一生留下来的各种学术资料很少，不足100页，但每一篇都很珍贵，为读者展示它们的原貌，可共享他为我们留下的这份礼物。

本书借鉴参考了许多研究者的文章、资料，特别是河北师范大学邓明力教授慷慨提供了大量的参考文献，为撰写工作提供了充足的史料；在本书写作的过程中，辽宁师范大学卢锷教授给予很多指导和帮助，在此一并表示衷心的感谢。

由于作者水平有限，写作过程中难免会有一些不足，敬请同仁及读者批评指正，本人将不胜感谢。

李　莉

2005年3月

于大连

目　录

第一章 伽罗瓦的童年与少年时代

1. 诞 生

在莱茵河畔,距巴黎约 18 千米处有一座十分宁静的小城布尔-拉-雷因(Bourg-La-Reine)。整个小城被绿树掩映着,河水穿城而过,为小城带来了勃勃生机。沿河两岸散落着一些别墅和民居,河边有大片的树林和草地,河中有各种船只穿梭往来,小城的一切组成了一幅美丽动人的画卷。

城里有一条主要街道,街面是用法国特有的一种玫瑰色岩石铺砌而成的。街道两旁的房屋别具特色,尖尖的屋顶下配有宽宽的门檐。街道的中心处有一座方形院落,院内殿堂的屋顶上尖塔高耸,殿堂四壁的窗户上装饰着各种彩色玻璃图案,门前的圣像浮雕栩栩如生,院内殿堂的四周环绕着有立柱的长廊,显得古朴而端庄,这就是小城的教堂。在教堂的对面是市政府所在地,有一座用大理石做基底的楼宇建筑。一楼门廊由四根希腊古典式建筑风格的多立斯式圆柱顶立着,整个楼宇的设计庄严、古典、整洁,与教堂构成一个完美的整体。街头处有一家旅馆,起了一个十分有趣的名字:“穿靴猫旅社”,它为整个街道带来了几许诙谐与轻松。放眼望去,这一切都为小城平添了几分宁静、典雅和生机。伽罗瓦就诞生在这条大街的第54号房。这条大街现已取名为“伽罗瓦街”。

1811年10月25日,那是一个秋高气爽、阳光明媚的早晨,母亲经过一夜充满希望的痛苦挣扎,终于盼来了婴儿那清脆响亮的第一声啼哭,他向世人宣告:埃瓦里斯特·伽罗瓦(Évariste Galois)正式来到人间!伽罗瓦的父母为自己第一个男孩子的出世而欣喜万分,他们互相传抱着、亲吻着这个小生命,激动而幸福的心情久久不能平静……对于他们来说,这是一个多么伟大而神圣的日子啊。如同世界上所有的父母一样,他们对自己的儿子寄予厚望,母亲看着伽罗瓦那双蓝宝石般闪亮的大眼睛,对丈夫说:“瞧!这双大眼睛充满着智慧,多么像夜空中的寒星,但愿他的一生如同星星一样,不断地发出耀眼的光芒。”

2. 父　亲

埃瓦里斯特·伽罗瓦出生在一个教育世家。父亲尼古拉·加布里埃尔·伽罗瓦(Nicalas Gabriel Galois)是该市唯一一所中学的校长,后来被市民们选为该市的市长并连续担任了15年之久。老伽罗瓦是一位忠厚善良、为人正直、和蔼可亲的人,他有教养、聪明,富于哲学思想,在布尔-拉-雷因市深受人们的爱戴与尊重。

在伽罗瓦的童年时代,父亲非常喜爱他,在他的身上倾注了不少心血,因为工作忙,不能经常陪伴着伽罗瓦,但只要有时间就总是和他在一起,给他讲故事,教他读书、写字,告诉他做人的道理。每到星期天去教堂做完礼拜后,父子二人就到林间散步玩耍,去河边垂钓。一天,伽罗瓦和父亲在河边垂钓,等了好半天也不见鱼儿上钩,他们正要收竿回家,突然,鱼线猛地抖动了几下,父子俩高兴极了,伽罗瓦高兴地喊着:“这一下我们终于有收获了!”他们急忙收起鱼竿,只见一条金红色的小鱼摇头摆尾地被钓了上来,鱼儿忽闪着腮叶不停地喘息着,他们把它从鱼钩上摘下来,放到小水桶中,只见它在里面急速地游动着,似乎在寻找逃脱的机会,游了几圈也不见逃脱的缝隙,竟奋不顾身地跳出水面,当它跌入水中后游了一会儿,便又跳出水面,而且一次比一次跳得高。这时,伽罗瓦和父亲的眼光不约而同地汇合了,而且都从对方的眼神中读出了同样的一句话:“我们把这条可怜的鱼儿放生吧!”父亲默默地点了点头,伽罗瓦拿着小水桶走到河边把鱼儿放归河里,鱼儿畅快地游进了河中,它不停地摇着尾巴,仿佛在向他们招手致意。父子俩虽未有收获,却心情舒畅地伴着夕阳走在回家的路上。

在父亲的悉心教导下,伽罗瓦秉承了父亲那忠诚、耿直、热情而富有想象力的性格和品质,以及关心政治、关心人民疾苦、崇尚自由民主的社会责任感和历史责任感,这为他后来积极投身到法国革命之中打下了思想基础。他在革命斗争中所表现出来的英勇行为,就是深厚的心理积淀和强烈的社会责任感的爆发。

3. 母　亲

伽罗瓦的母亲叫作玛利亚·阿代累达·德芒特(Marie Adelaide Demante),出身于法学世家。她的父亲托马斯·加布里埃尔·德芒特(Thomas Gabriel Demante)是一位著名的法官。德芒特家族中产生过几位杰出的法律系教授,他们中间的一位在 1848 年以后,还当选为国民议会的议员。

母亲玛利亚所受的教育,是正统的古典教育和宗教教育。年轻时的玛利亚是个聪明过人的女孩,在西方人文主义教育和近代古典主义教育的熏陶下,她有着较高的文化素养。她学识广博,对古典语言(拉丁文和希腊文)和古典小说、著作非常喜爱,能流利地用希腊语和拉丁语进行阅读、对话和翻译,对历史、地理以及其他人文学科都情有独钟,此外,对音乐和绘画也颇有心得。她是一个性格坚强的女子,对待问题有自己的独到见解,对人慷慨,具有很强的好奇心和创造力,喜欢探索,憎恨暴政。她平时做事严谨认真、一丝不苟,但在倔强认真的性格中带着几分孤傲。因为在一些问题上时常表现出矛盾的心理,所以有时处事偏激甚至有些古怪。她于 1872 年去世,终年 84 岁,直到生命的最后时刻,她仍然思维清晰。

4. 第一任教师

伽罗瓦的母亲玛利亚是伽罗瓦的第一任教师。还在童稚时期,母亲就开始了对伽罗瓦的启蒙教育。伽罗瓦没有上小学,在上中学前他一直接受着家庭教育,而母亲则一直担任着教育伽罗瓦的任务,所以,母亲是他真正的小学老师,而且母亲的教育,对他的一生起着重要的作用。

从3岁起，母亲就开始为伽罗瓦安排了学习课程，教他认字、读书，稍大一些，便教他算术、绘画和音乐。平时几乎每天晚上都要给他讲故事。伽罗瓦的母亲喜欢古典文学，信仰天主教，崇尚斯多葛道德原则。

这里简单介绍一下天主教和斯多葛哲学派。基督教分为三大派系：天主教、东正教和基督新教。天主教是基督教的主要派系，它主要流行于意大利、西班牙、葡萄牙、法国、比利时、奥地利、波兰、匈牙利、加拿大以及拉美各国，它的信徒已达5.8亿人。斯多葛是西方的一个哲学派别，也是宗教唯心主义的一个哲学派系，它是基督教产生的思想根源。这种哲学宣扬宿命论和神秘主义，认为命运、天命主宰世界，提倡听天由命，对现实生活恬淡寡欲。由于这种宿命论观点和实行禁欲主义的主张铸造了基督教精神的核心，因此人们称它的代表人物塞涅卡为“基督教之叔”。

伽罗瓦的母亲通过讲故事的形式把自己的世界观潜移默化地传授给了伽罗瓦。母亲除了给他讲些童话、寓言等儿童们通常喜爱并且接受的故事外，还常常给他讲圣经故事，向他渗透宗教的道义、法律、礼节以及诸神的完美形象。

伽罗瓦6岁时，到了该上小学的年龄，但在那个时代，他家乡的小城镇里的小学校并不很正规，教授的知识也很少，所以伽罗瓦仍然在家里和母亲一起学习，没有去上小学。这时，母亲为他安排的课程更加正规和深入了，她为伽罗瓦安排了法文课、数学课、古代历史课、圣经传授课，以及绘画课、音乐课、体育课等。伽罗瓦很小的时候，就已显露出他超凡的智慧和独特的思维方式，以及充满创造性的灵感，所以学习这些课程对他来说是轻松的。母亲针对他的特点，又给他增加了古典语言课，即希腊文课和拉丁文课，为儿子打下了希腊文和拉丁文的坚实基础，这些对于伽罗瓦来说，在后来的学习和研究中都起了不可忽视的作用。

尽管课业多了，但母亲仍坚持以讲故事的形式传授古典文学，教给伽罗瓦做人的道理。随着伽罗瓦年龄的增长，可以接受的道理也越来越深入了，这时母亲开始给他讲希腊神话中诸神的伟大，他们的象征及他们为天神与人类所做的贡献。特别在为他开设的戏剧欣赏课中,向伽罗瓦介绍了希腊三大悲剧作家埃斯库罗斯、索福克勒斯和欧里庇得斯及他们的主要作品。剧中人物的思想意识、精神境界及英雄主义、爱国主义的行为,深深地影响着伽罗瓦、激励着伽罗瓦,伽罗瓦决心像他们那样生活。伽罗瓦非常敬佩埃斯库罗斯,他曾经是一位英勇的战士,在保卫希腊的各种战斗中屡建战功,在希腊与波斯王朝的征战中,他参加了著名的马拉松战役和萨拉弥斯战役,由于他在战斗中英勇顽强,被授予“希腊英雄”的称号。他不仅是一位爱国英雄,同时还是一位伟大的诗人和剧作家,由于他不平凡的经历,所以他笔下的诗歌与剧作几乎都是颂扬、赞美爱国主义思想和情操的作品,例如在《波斯人》和《七将攻忒拜》里,诗人以满腔的热忱,怀着炽烈的爱国心,歌颂了公民的勇敢精神、爱国天职和英雄气概。但在埃斯库罗斯的作品中也充满着宿命论的宗教思想,认为天神是主宰一切的,是至高无上的,只有借助天神的帮助,人们才能取得胜利。索福克勒斯出身于一个富有的家庭,接受过优良的教育,在音乐、诗歌上造诣很深。他在文学艺术上最大的成就，就是把悲剧由写“神”转变到写“人”，歌颂人的意志和力量。他的戏剧里的人物都有鲜明的个性，能坚持真理，为实现自己的理想而向统治者和自身的厄运做不屈不挠的斗争。例如在《安提戈涅》和《厄勒克特拉》两部剧作中，索福克勒斯成功地创造了两个美丽崇高的女性，她们富有感情，有争取自由的意志，并且为了实现自己的理想而不惜牺牲自己的生命。伽罗瓦非常感动于他笔下人物争取自由的精神和为实现理想而不惜一切的决心与行动，他后来也是这样做的。欧里庇得斯生活在一个动荡的时代（前480—前407）。那时雅典集团与斯巴达集团正在打内战，雅典的统治制度和封建的宗教道德思想体系已濒于崩溃。人们称呼欧里庇得斯为伟大的现实主义诗人，因为他的作品反映了时代精神，他反对内战，反对迫害妇女，拥护民主制度，提倡个人道德，他描写的多半是普通人的形象，对人物的心理描述深刻而细腻，对一向被人们认为是至高至善的神提出了怀疑，甚至是谴责。伽罗瓦从他的作品中汲取着反叛的信念和勇气，伽罗瓦所处的年代也是一个动荡的时代,他后来真的以作品中的人物为榜样,以作品所宣扬的精神为力量,勇敢无畏地投身到革命斗争中去。

在母亲的悉心照料与严格教育下,伽罗瓦度过了幸福而快乐的童年和少年时代。母亲对伽罗瓦的影响是深远的,她不仅教给伽罗瓦许多知识,这些知识为他今后聪明才智的发展打下了坚实的基础,而且她的性格、习惯及平时处事的态度、方法等,也潜移默化地影响了伽罗瓦,在伽罗瓦的身上打下了深深的烙印。由于母亲的深刻影响,伽罗瓦在继承了母亲诸多优点的同时,也秉承了母亲性格方面的缺陷,这给他后来的工作和生活带来了不少的麻烦和苦恼,后来人们这样评论伽罗瓦:“有杰出的才干,认真、热心,但为人乖僻、古怪、脾气暴躁。”

在 12 岁以前,伽罗瓦是幸福的、愉快的,带着深深的父爱、殷殷的母爱和温暖的家族之爱,之后他匆匆地踏上了人生新的征途。

第二章 伽罗瓦的中学时代

1. 路易－勒－格兰皇家中学

1823年10月，刚满12岁的伽罗瓦考入了路易-勒-格兰(Louis-Le-Grand)皇家中学。他离开故乡前往巴黎，开始接受正规的学校教育。路易－勒－格兰皇家中学在法国是一所很有名气的中学，也是一所贵族学校。在这里学习的学生，几乎都是出身于资产阶级上层的家族，他们的父亲大多是银行家、工业家、大资本家及达官显贵，这些人不仅有钱，而且权势也非常大，左右着法国的经济和政治。这所中学被公认为培养专家、教师和大学教授的摇篮，它曾经培养了像罗伯斯庇尔和雨果那样的法国近代史上的伟大人物。可以想象得到,伽罗瓦生活在他们中间会感到自己是很孤独的,因为伽罗瓦的家庭与贵族子弟们的家庭完全是两个不同的阶层,他们的傲慢态度和与生俱来的贵族感,使伽罗瓦难以忍受,他和那些贵族子弟格格不入。在学校里生活,他感到压抑和不快,特别是从故乡那种温暖和谐的生活环境中一下子进入到这种学习环境中,反差太大,所以他非常不适应。使伽罗瓦不适应的还有学校的教育方式,他不喜欢学校教师们那种没有活力、缺乏生气的教育方式,对那些呆板陈旧的教学内容也不感兴趣。另外,学校在当局和教会的指使下所制定的各种苛刻的校规也使他厌恶且难以忍受。尽管如此,伽罗瓦没有受这些因素的影响,仍然孜孜不倦、勤奋地学习着,并且入学第一年就名列前茅。

当时,法国中学的学制是四年,最低年级称为四年级,最高年级称为一年级,与我国学校使用的年级编号恰好相反。最高年级也称为修辞班,在修辞班里主要学习古代语言,即拉丁语和希腊语。

伽罗瓦是以优异成绩考入路易－勒－格兰皇家

中学的，所以一入学他就领取了全额奖学金。在以后的几年中，他每年的学习成绩都很优异，因此一直获得奖学金，利用公费读完了中学。在学校的前三年，他一直是优等生，特别是他的拉丁语和希腊语的成绩更是优异，每年都代表学校参加应征国家奖学金的希腊语作文决赛，每次参赛都获一等奖，并得到评委们的一致好评。但他在升入最高年级时，却遭到了一些教师的反对，理由是他的体格不够健壮，实际上，是这些老师对他的表现不够满意，老师们对他的评价是具有杰出的才干、举止不凡，但为人乖僻、古怪、过分多嘴，校长也认为伽罗瓦的判断力还有待“成熟”。尽管如此，伽罗瓦还是以他优异的成绩这一无可争辩的事实，如期升入到最高年级学习。但是刚念完三个月，从第四个月开始，他又申请重新回到二年级（中学的第三年）学习，原因是那时的中学又有了新的规定：中学二年级开始开设初级数学补充班，凡是修完中等学校必修的人文科学课程的同学、爱好自然科学的人可以申请加入这个班。伽罗瓦毫不犹豫地选择了去初级数学补充班学习。

2. 范涅尔——将伽罗瓦引入美妙的数学世界

初级数学补充班的学习，给伽罗瓦的一生带来了重大的影响，他幸运地遇到了一位令人敬佩的数学教师——范涅尔(H. J. Vernier)。

范涅尔是初级数学补充班的数学教师。他不仅自己有相当扎实的数学基础，而且在教学中善于启发学生的学习兴趣，引导学生的学习才能。在他的指导教诲下，伽罗瓦很快确立了自己学习数学的兴趣与志向，并且迅速地取得了进展。在范涅尔的启发下，伽罗瓦迅速学完了通常的数学课程，并且大胆地尝试阅读勒让德的经典著作《几何原理》，他利用几天时间一口气读完了这本著作，从中体会到掌握数学语言的重要性，并学会了如何用数学那简练、精确并富有哲理的语言去表达自己的思维，找到了能表达思维深刻性的最好语言——数学语言。他把勒让德的《几何原理》作为一种学习新语言的教科书，在这本书中，他还学习到了一些数学思维的方法。接着，他开始自学拉格朗日的著作《论数值方程解法》《解析函数论》及《函数演算讲义》等，从中使他的数学语言和数学思维得到了更加严格的训练，学到了很多数学知识，并在攻读《论数值方程解法》的过程中，就已经萌发了用“群”的概念去解释和发展这一理论的想法。这以后，他又如饥似渴地学习了柯西、高斯、阿贝尔等当代名师的原著。通过对这些深奥的数学理论的学习，伽罗瓦开阔了视野，掌握了许多数学中的现代思想、方法和知识，学会了深刻、精辟地洞察事物的本领，他充分吸收了大师们卓越的思想和灵感，这为他以后在数学方面的成功打下了必要而坚实的基础。他能够在15岁的年龄就开始阅读如此深奥的数学知识，并能深刻地掌握其精髓，这已显示出他的数学才能，但这还不能充分代表他在数学方面的独特天才，这一独特天才就在于他能抛开细枝末节，而去推测数学科学发展的预见性。这种“预见”的天赋，才是他在数学方面取得成功的关键和基础。

范涅尔把少年伽罗瓦引入了美妙的数学世界。在阅读大师们的原著中，他仿佛感到自己是在那富丽堂皇的数学宫殿中漫游，他身不由己地被这座雄伟美丽的宫殿深深地吸引着，他越往深宫前行，这引力就越大，不能自拔。在游览中，他渐渐自信地感到，他不应只做一名观光客，而应该做一名建造者，用自己的智慧和力量把这座宫殿建造得更加完美绚丽、更加新奇辉煌。

1827年，伽罗瓦开始读中学的最后年级，他又回到修辞班读书。在修辞班中，他的各科成绩都很优异，但对数学的喜爱与狂热追求却丝毫未减。一位教师这样评价伽罗瓦："他被数学的鬼魅迷住了心窍。"在这期间，他又阅读了欧拉、高斯和雅可比的著作，这时，他的思想更加深刻、更加成熟了。在研读中，他逐渐感到：自己能够做到的，不会比这些大数学家少！他认为自己一定能成为一个数学家，而且这时他已在数学上有所发现。

为了能获得更好的学习机会，继续深造，他决心报考法国著名的大学——综合工科学校。

为了能考取综合工科学校，在学年末的那段时间，他不再去听任何专业课，而开始紧张地准备参加取得升入综合工科学校资格的竞赛考试。但伽罗瓦没有考取，原因是缺乏某些基本训练。不过，尽管他考试失败，但值得庆幸的是，在1828年10月，他从数学初级班跳到了里查的数学专业班。

3. 里查——发现伽罗瓦的“伯乐”

路易·保罗·埃米尔·里查(L. P. E. Richard, 1795—1849)，是路易－勒－格兰皇家中学的数学(高级)专业班教师。他是一位卓越的数学教师，从1821年起，即年仅26岁的时候就已经是数学教授了，在科学史上，人们一致称他为才华卓著的教师。他品格端正、谦虚谨慎，从不谋私利，他把一生中的才华和精力都无私地奉献给了他的学生而没有留下自己的著作。他像一支蜡烛，通过自己热心精湛的执教，培养出了许多数学天才，通过他们来促进数学的发展。在他的学生中有科学史上著名的海王星预测者勒威耶(U. J. J. Le Verrier, 1811—1877)，19世纪举世闻名的法国数学家埃尔米特(C. Hermite, 1822—1901),还有伽罗瓦等。里查教伽罗瓦时年仅33岁。这其中除伽罗瓦外,其他两位学生都考入了综合工科学校。现在法国科学院图书馆中珍藏的伽罗瓦手稿,正是里查托埃尔米特保存下来的。

里查的学生们十分赞赏他讲课的优雅;他对科学工作所具有的独特风格熏陶着他的学生们,这些学生考入综合工科学校后,也带着这种风格去学习、研究,并最终走向成功。他们的成功在很大程度上是里查的功劳。他独具慧眼,非常善于发现英才,一旦得到英才,他就感到莫大的愉快,并精心地培植训练,不惜牺牲个人的一切。伽罗瓦就是他所发掘的英才之一。

里查很器重伽罗瓦,每当伽罗瓦把他留给学生的一些难题做出正确而独到的解答时,他都高兴万分,并且让伽罗瓦在课堂上讲给同学们听,他也在下面心满意足地听着这个他认为是自己学生当中最有天赋的孩子的讲解,听后给以足够的称赞。他不止一次地表明,这个非凡的学生应该不经考试而直接进入综合工科学校。

里查认为伽罗瓦在数学上极有天赋,并且正确而又坦率地指出:“伽罗瓦只适宜于在数学的尖端领域工作;他大大地超过了全体同学。”根据里查的观察,伽罗瓦具有一种尖锐而深刻的认识能力,他的才能主要不是表现在对现成知识的认识和整理上,而是表现在发现和阐述新思想、新方法上。不久以后的事实证明了里查的结论。1828 年在数学专业班中,里查就指导伽罗瓦开始着手学习和研究关于方程理论、整数理论和椭圆函数论的一些最新著作,并鼓励伽罗瓦应当立刻把自己的新思想发表出来,公布于众。里查还亲自推荐伽罗瓦的文章给著名的数学杂志《纯粹和应用数学年鉴》。于是,在 1829 年 3 月,伽罗瓦的第一篇论文《循环连分数的一个定理的证明》在《纯粹和应用数学年鉴》杂志上发表了,那时他才 17 岁。《纯粹和应用数学年鉴》杂志是由法国著名数学家热尔贡(J. D. Gergonne,1771—1859)在 1818 年创办的,这是法国第一个专业性数学杂志。

后来,里查又帮助并说服伽罗瓦把他的第一篇论文向法国科学院递交备忘录。在 1829 年 6 月 1 日法国科学院举行的会议上,任命普恩索和柯西两人审查伽罗瓦递交的论文。柯西根本没有做出任何结论,原因是他把伽罗瓦的手稿弄丢了。在这之前,他也丢掉过阿贝尔的手稿。阿贝尔是19世纪最伟大的数学家之一,他和伽罗瓦的数学思想非常接近,二人都英年早逝,贫困潦倒也相似,而这次手稿被人弄丢的情况也惊人的相似。

4. 人生中第一次重大的打击——综合工科学校的再度落榜

1829年,伽罗瓦中学毕业,他与同学们一起再次参加了综合工科学校的入学考试。考试定于当年7月中旬举行。对于这一次考试,伽罗瓦比前一次显得更有信心,因为他已经在代数方程理论方面取得了不小的进展,他相信自己的成就一定会吸引这所很注重数学的名牌大学。然而实际情形却大大出乎伽罗瓦的意料,主考人对伽罗瓦所介绍的成果毫无兴趣。相反,却故意提出一些人为制造出来的错综复杂的问题来刁难他，这使伽罗瓦十分恼火。他强忍怒火，耐心地请求主考人注意他的发现，但还没等他解释几句，愚蠢自负的主考人竟然放声大笑，嘲笑他的成果和见解。这使伽罗瓦忍无可忍，他经受不住这样的侮辱，愤怒中不顾一切地把黑板擦扔向主考官的头。就这样，伽罗瓦再次被综合工科学校拒之门外。事情出现后，里查和伽罗瓦的同学都惊讶不已，谁也不会想到伽罗瓦没被录取。后来，经里查的多方奔走，终于同意收伽罗瓦为综合工科学校的预备生，属于非正式的学生，所以没有奖学金。

坐落于巴黎的综合工科学校是举世闻名的理工科大学。在法国大革命期间，为了发展资本主义，国民公会非常重视科学、教育和艺术事业的发展，为了培养先进的科技人才，政府创办了这所大学，学制三年，学生领取奖学金。这所学校以科学研究为主要课程，是科学家与数学家的摇篮。当时培养出了很多著名的科学家和数学家。在科学界，培养出了19世纪初最著名的科学家安培、阿拉哥、盖·吕萨克等人；在数学界，仅19世纪就培养了占全法国70%以上的世界一流数学家。在伽罗瓦之前，有著名的微分几何学家丢班、大数学家柯西、计算几何学的创始人拉梅和分析学家刘维尔等人。在伽罗瓦之后，有埃尔米特、约当和庞加莱等，这以前还有泊松、普安索等人；另外，这所学校还聚集了许多著名的数学家在这里任教。如埃尔米特，他在这个学校毕业后，就留下来任教，后来成为法国科学院院士，还有普安索、勒让德、拉格朗日、拉普拉斯等人。这些都是在数学各领域里卓有成就的大数学家。当时，法国是世界数学的中心，而这所学校又是法国数学的中心，所以它的举世闻名就不言而喻了。

但是，伽罗瓦是在反动的波旁王朝第二次复辟的黑暗时期投考综合工科学校的。当时的综合工科学校在政治上趋于保守，在学术上重工不重理。尤其是考核伽罗瓦的两位主考官太平庸无能了，其中的比内是个不学无术的家伙，专靠政治投机、阿谀奉承来保持自己的位置，而另一个主考官勒费布雷·德·富尔西又是一个总想把他的无人问津的大量教科书摆到图书馆书架上的人，为了多捞取一些稿费。伽罗瓦不幸遇到了这两位既无学术水平又无道德水平的人，不被录取就不足为奇了。但对伽罗瓦来说这太残酷了，他一生的志向，他的奋斗目标，他的远大抱负都寄希望于在这所学校的深造和研究，现在一切全落空了。他才17岁，那弱小稚嫩的心灵还没有准备好迎接黑暗社会的挑战，灾难已降临到他的头上，挑战已摆在他的面前。他悲伤、失望和愤慨，而使他更为悲伤的还有一件事，就是他的父亲在考试的前夕，于7月2日不幸逝世，他不是平常的病逝，而是受不了别人的中伤而自杀身亡的。

5. 人生中又一个重大的打击——父亲的自杀

伽罗瓦的父亲尼古拉·加布里埃尔·伽罗瓦是坐落在莱茵河畔的布尔市的市长。当时的法国正处在波旁王朝复辟的时期(1815—1830)，波旁王朝的极端保皇派代表着贵族地主和天主教士的利益，力图恢复封建制度的贵族、教士的特权，引起了全国人民的强烈反对。老伽罗瓦对王权深恶痛绝，他坚定地站在人民一边，领导市民们反对神父的统治，他成了当地教士们的眼中钉、肉中刺，他们在背后搞阴谋诡计，试图加害于老伽罗瓦。在1827年中的市长选举后，老伽罗瓦仍被市民们选举为该市的市长，这气坏了那些反动的教士们，其中有一个诡计多端的年轻神父，组织了一场反对市长的卑鄙运动。这个狡猾的神父利用老伽罗瓦擅长写诗这一众所周知的特点，编制了一首针对市长家庭成员的下流而又愚蠢的诗，签上了市长的名字，在市民中间偷偷散发，用来侮辱、毁坏市长的名誉。市民们一时受到了蒙骗，而极其正派的市长却因受不了这场迫害而生了病。一天，趁妻子不在家的时候，他偷偷地去了巴黎的家。这栋房子离伽罗瓦的中学不远，他就在那儿自杀了。当送殡队伍来到布尔市郊时，市民们怀着悲痛的心情从灵车上卸下灵柩，用肩膀抬到墓地。正在这时，那个混蛋神父出现了，他的出现引起了骚乱。愤怒的市民们投掷石头，结果神父遭到了一顿痛打。伽罗瓦看着这一切，心里蒙上了一层重重的阴云，他深深地感到人心的险恶、世道的不公和社会的黑暗，他痛恨这封建皇权的统治，向往着自由、民主的社会。

伽罗瓦和母亲一起度过了服丧的日子，父亲的死给他带来极大的打击，但他仍然沉着而镇静。随着丈夫的逝世，伽罗瓦的母亲失去了很大一部分经济依靠，而伽罗瓦还有一个 14 岁的弟弟亚耳费勒(Alfred Galois)需要抚养。伽罗瓦自费攻读综合工科学校的计划看来要落空了，这时里查建议他去投考巴黎师范大学，伽罗瓦接受了里查的建议，于 1929 年 10 月 25 日被录取。这使他有可能继续深造，同时使生活费用也有了着落。

第三章　伽罗瓦的大学时代

1. 巴黎师范大学概况

巴黎师范大学是在法国大革命后创建的一所学校,专门培养高等和中等学校的师资。大学设有两个系:文学系和科学系。学制为三年,但前半年是预备生,半年后看其政治表现(没有反对政府的嫌疑)和学业情况才能转为正式学员。在转为正式学员前还必须签订一份合同,保证毕业后为国家服务六年。最后,要由国民教育检察官来审查批准。这一切都说明这所学校是完全受政府控制并为政府服务的性质。当然,它的一切都听从政府的安排和摆布,学校的校长完全是由政府选定任命的。

2. 18 世纪末 19 世纪初的法国

这里，我们想集中地介绍一下 18 世纪末 19 世纪初法国的历史背景及各派别政治斗争的基本状况，领略一下法国的这段风云变幻史。之所以要集中地介绍而不是采取零散地夹叙夹议的方式，主要是想给读者一个完整的历史概貌，以便能更深刻而全面地体会伽罗瓦后来所走过的人生道路及所采取的一系列革命行为。

18 世纪末至 19 世纪上半叶的法国正处在风云激荡的时期，阶级斗争异常激烈，资产阶级与封建贵族阶级几经较量，政权反复更迭。

1789 年 7 月 14 日，法国资产阶级大革命的胜利，摧毁了统治法国数百年的封建君主专制制度，国王路易十六被迫退位。后来，7 月 14 日被定为法国的国庆日。法国政权从王室转到了制宪议会。但大革命的成果被大资产阶级和自由贵族阶级窃夺，他们并不想彻底消灭封建制度,只是想与封建势力平分天下,只要求做某些改革,以维护他们的利益。因此,他们决定把法国变成君主立宪制国家,成立了制宪议会,国王又被请回到政府中,并且掌握行政大权,只不过表面上宣誓效忠宪法。

制宪议会通过了著名的《人权宣言》,这是资产阶级在反封建斗争中提出来的纲领性文件。宣言提出:人类是生而自由的,在权利上是平等的;法律是公共意志的表现,在法律面前人人平等,公民有权亲自或推举代表参加法律制定;公民有言论、出版自由,但必须受法律制约;私有财产是神圣不可侵犯的,不得剥夺。《人权宣言》宣布了资产阶级自由、平等的民主原则,第一次把 18 世纪启蒙学者们所阐述的思想用法律的形式肯定下来。这个文件在打击封建制度、限制王权和进一步启发人民的革命意识方面具有重大的作用,对封建专制制度尚占统治地位的欧洲产生了巨大的影响。但是《人权宣言》又宣称私有财产是神圣不可侵犯的,使资本主义剥削成为理所当然的事,这反映了该文件的实质是维护资产阶级的根本利益。制宪议会通过宪法后,制宪议会完成了使命,在 1791 年 10 月 1 日成立了立法议会,行使国家职权。议会还通过了使用蓝、白、红三色旗为法国国旗的议案。路易十六并不满足他现在的地位,千方百计地要恢复王权统治,复辟封建专制,因此他加紧策划,准备进行反革命政变。他的弟弟普罗旺斯是在大革命时和许多王党分子一起逃到国外的反动分子,在逃亡期间,他勾结国外的反法势力,结成反法联盟,准备对革命进行反扑。路易十六把希望寄托在外国武装干涉上,他和他的弟弟一起,积极同各国反动派勾结,妄图利用外国反动势力镇压革命。1792 年 4 月 20 日,法国对奥地利宣战,对于革命的法国人民来说,这是一场保卫革命的正义战争。战争爆发后,路易十六派王后将作战计划秘密送给奥地利,引狼入室,而大资产阶级立宪派也走上了叛国的道路,他们命令法国军队后退不抵抗,法国国土被敌人占领,普奥联军直逼巴黎。在这紧急关头,人民义愤填膺,坚决要求抗击外国侵略者。立法议会中的资产阶级民主派,在革命领袖丹东、马拉、罗伯斯庇尔等人的领导下,成立了革命公社,要求废除君主制,号召人民为祖国而战斗,号召全国人民拿起武器,保卫法兰西。几天之内,巴黎应征入伍的义勇军就达15 000多人,全国各地也纷纷组织义勇军开赴首都巴黎。其中一营马赛人高唱着《莱茵军歌》,雄赳赳、气昂昂地开进巴黎。这首歌就是著名的《马赛曲》,后来成为法国国歌。《马赛曲》的作者是青年工兵军官克洛德·约瑟夫·鲁热·德烈尔。1792年4月20日,就在法国向奥地利宣战的当天,他在斯特拉斯堡创作了这首歌曲,原名为《莱茵军歌》,简称《马赛曲》。1796年7月14日,在法国国庆日那天,国民公会通过法令,将《马赛曲》定为国歌。拿破仑当政时被废止。1879年《马赛曲》又被重新定为法国国歌,一直到现在。

在人民革命和爱国热情不断高涨的形势下,以罗伯斯庇尔为首的资产阶级民主派加快了推翻封建专制建立共和国的活动。1792年8月9日夜,巴黎上空再次响起警钟(前一次是在1789年7月13日),革命群众纷纷在各区聚集。8月10日,巴黎人民在革命公社的领导下再一次发动起义,攻入王宫,逮捕了国王路易十六。起义的胜利彻底摧毁了封建君主专制,也结束了三年来的君主立宪制。革命公社继续领导法国人民进行保卫革命和抗击外国侵略者的斗争。到11月,入侵的敌人全部被赶出法国领土。

1792年9月21日,法国国民公会在巴黎召开,会议宣布废除王政,1792年9月22日,宣布成立共和国,这就是法兰西第一共和国(1792年9月22日至1804年5月18日)。国民公会公布革命历法,宣布9月22日为新纪元的开始。这一年称为共和元年。

1792年11月间,人们在王宫的一个壁橱里发现国王与外国宫廷勾结的信件,证实了国王的叛国罪行,在人民群众的强烈要求下,国民公会决定审判路易十六。1793年1月21日,国王路易十六被送上断头台,同年10月王后也被处死,这代表着一代封建王朝的灭亡。

法兰西共和国是通过国民公会来行使国家权力。革命伊始,国民公会分成了三个派别,经过互相间复杂的明争暗斗,最后由资产阶级民主派——雅各宾派掌握权力。该派掌握政权后,首先解决了革命的中心问题:土地问题。决定将土地归还农民,不分性别、年龄，按人口进行分配；豁免农民各种义务，包括地租及一切封建苛税；无条件废除一切封建特权；撤消与封建特权有关的一切案件；焚毁封建文据和其他契约，私自保存者判处徒刑。这个法律使过去缴纳年贡地租的广大农民都有了土地，充分肯定了农民的革命成果。土地法令的实施，大大地鼓舞了农民的积极性，致命地打击了封建贵族和地主阶级。

1793 年 6 月 24 日，国民公会通过了保障资产阶级民主的宪法。宪法宣布法国是统一不可分割的共和国，最高立法机构是立法会议，最高执行机构是执行会议。宪法保障公民的“人权”和私有财产权，公民有人身、信仰、出版、请愿、结社的自由，人民有权起义。这部宪法具有重要意义，它推动了法国社会的历史性进步。它所宣布的资产阶级民主原则不仅对法国革命而且对其他各国的资产阶级革命产生了深刻的影响。

在人民群众的大力支持下，革命政府先后镇压了国内王党的叛乱，并积极组织人民抗击外敌干涉。1793 年 8 月 23 日，国民公会颁布征兵法令，广大人民积极响应,在极短的时间内就组成了一支42万人的军队。1793年,这支军队再次把反法联盟军驱逐出国境。这是法国人民靠革命专政创造的奇迹。就在这其中的战役中,拿破仑崭露头角。

随着革命的胜利,革命政府各派内部矛盾日益上升,以丹东为代表的一小撮右翼分子与反革命分子相互勾结,形成了一个反对革命政府的阴谋集团,这个阴谋集团在1794年7月27日(热月9日)发动政变。这就是著名的热月政变。他们逮捕了政府领导人罗伯斯庇尔等人;次日清晨,罗伯斯庇尔等22人被处以死刑。热月政变和雅各宾派专制的崩溃,标志着18世纪法国资产阶级革命的高潮已经过去。

在热月党人的统治下,法国进入了一个政治黑暗时期。革命力量遭到血腥镇压,反动组织到处横行。人民起义遭到残酷镇压,新贵族和王党反动派猖狂已极。热月党人为了巩固自己的统治,于1795年8月22日,通过了共和国第三个宪法,解散了国民公会,立法权交给属于两院制(元老院和五百人院)的立法国会。行政权交给由两院中选出的五人组成的督政府。

督政府统治时期，投机倒把盛行，人民生活极度困苦。从 1796 年起外国武装干涉的危险又一次严重威胁着法国大资产阶级的统治。当时，法国大资产阶级急需建立一个强有力的政权，一方面用以镇压人民的反抗，另一方面则用以防止王党的复辟和取得对外战争的胜利。这时，拿破仑·波拿巴(1769—1821)适应法国大资产阶级的需要，登上了历史舞台。恩格斯在评论法国这段历史时曾指出："恰巧拿破仑这个科西嘉岛人做了被战争弄得精疲力竭的法兰西共和国所需要的军事独裁者——这是个偶然现象。但是，假如不曾有拿破仑这个人，那么他的角色是会由另一个人来扮演。"

1799 年 11 月 9 日(雾月 8 日)，拿破仑在大资产阶级的支持下发动政变，他以巴黎卫戍司令的名义强迫两院通过决议，解散督政府，把共和国的全部权力转交给以他为首的三个执政官，并组成执政府，他任第一执政，大权独揽。拿破仑从此统治法国长达 15 年。

1804 年 5 月 18 日，拿破仑自称皇帝，12 月 2 日加冕。于是法兰西第一共和国变为法兰西第一帝国

(1804年5月18日—1815年6月22日)。拿破仑在他执政的15年间,为了巩固资产阶级专政,采取了一系列主要措施。他首先制定了宪法;加强中央集权制;建立一支精良的军队;促进法国资本主义工商业的发展;奖励发展工农业;粉碎了第二次反法联盟的进攻。拿破仑还颁布了三部重要的法典:《民法典》《商法典》和《刑法典》。其中最著名的《民法典》,后来称为《拿破仑法典》,也是拿破仑的得意之作。这些法典从法律上巩固了法国资产阶级革命的成果,巩固和发展了法国资本主义制度,并且对欧洲大陆各国政治经济制度的变革也产生了积极的影响。

拿破仑的对外战争主要是反法联盟的战争。从1793年12月土伦战役击败英国,到1815年6月18日滑铁卢战役失败,22年中,他指挥了60场战役,比世界上的大军事家马其顿、亚历山大、汉尼巴、恺撒和苏沃洛夫所指挥的战役总和还要多,无愧为一个伟大的军事家。拿破仑的对外战争有反侵略的一面,也有侵略扩张的一面。但从总体上看,拿破仑反对反法联盟对于巩固法国资产阶级革命成果、传播资产阶级革命起了重要的作用。但是,拿破仑的侵略扩张和连年不断的战争，给被征服地区的人民和本国人民都带来了深重的灾难。在无休止的对外战争中，劳动人民的负担越来越重，引起人民的怨恨。工商业资产阶级也对拿破仑心怀不满，阶级矛盾日益尖锐，帝国统治面临着严重危机。

加速帝国崩溃的重要因素是1812年远征俄国的失败。这是拿破仑帝国走向衰落的转折点。拿破仑远征俄国失败后，以英、俄为首的六国组成了第六次反法同盟。1813年10月，拿破仑同各国联军在莱比锡展开决战，双方投入兵力60万，结果法军大败。1814年3月31日，联军进入巴黎。4月6日拿破仑退位，被囚禁在地中海上的厄尔巴岛。在联军的保护下，被推翻的波旁王朝路易十八（路易十六的弟弟普罗旺斯）复辟。波旁王朝复辟后，大批逃亡的贵族返回法国，企图夺回失去的财产和特权。拿破仑利用群众对复辟王朝的不满情绪，于1815年3月20日从厄尔巴岛潜回法国，召集旧部，打回巴黎。路易十八仓皇逃命，拿破仑重登帝位。反法联盟诸国重新调集军队来对付拿破仑。6月18日在比利时的滑铁卢进行决战，法军再次大败。6月22日拿破仑再次退位,被流放到大西洋的圣赫勒拿岛(圣海伦岛),并于1821年5月5日死于该岛。拿破仑第二次登位,只维持了近100天,史称“百日政变”,法兰西第一帝国至此彻底崩溃。

1815年7月8日,路易十八重返巴黎,从这时起到1830年7月称为复辟时期,反动的波旁王朝在法国复辟后,便疯狂地进行反攻倒算,对革命者血腥屠杀,近一个月里被捕、被杀者便达7万多人。反动贵族和天主教会抢回革命时期被没收的财产,天主教会重新掌握学校教育。政府禁止一切集会和结社。波旁王朝的统治是封建贵族、商业资产阶级和金融资产阶级上层分子的联合专制。所以资本主义在这一时期也在徘徊着发展,法国也开始了工业革命。

随着资本主义的发展,无产阶级与资产阶级的对立日益明显,无产阶级的苦难斗争,引起了一些先进知识分子的同情。他们提出了反抗资产阶级压迫的社会主义学说,即空想社会主义。法国是19世纪空想社会主义的发源地,其中最主要的代表人物是圣西门和傅立叶。他们揭露和批判资本主义制度的黑暗和罪恶,幻想消灭这种制度,渴望建立一个人人平等、幸福的新社会。在他们的理想中,“一切人都应当参加劳动”,不受剥削和压迫;应消灭脑力劳动和体力劳动的对立以及城乡的对立;男女应当平等,第一次提出了“在任何社会中,妇女解放的程度是衡量普遍解放的天然尺度”这一卓越思想。但他们的致命弱点是不知道通过什么途径实现社会主义,他们没有预见到无产阶级的伟大历史使命,所以他们提出的社会主义终归是一种空想。

1824 年,路易十八死后,其弟阿多瓦伯爵继承王位,史称查理十世。他更加反动暴虐。1830 年 7 月,查理十世颁布了一道敕令,规定只有缴纳一定土地税的大地主才有选举权等法令。这道敕令导致了法国推翻波旁王朝的七月革命。从 1830 年 7 月 20 日起,全国各地的学生、小职员、小商人、退伍军人和一部分士兵纷纷举行声势浩大的集会和示威游行,到处是“打倒波旁王朝”“宪法万岁”的呼声。接着巴黎工人、广大群众举行武装起义,参加起义的达 8 万人,他们和保王党军队进行了激烈的战斗。到 7 月 29 日,起义队伍攻进王宫,国王查理十世逃奔英国,七月革命获得了胜利。

但是,七月革命的胜利果实却被金融大资产阶级窃取了。1830 年 8 月 7 日,奥尔良公爵路易·菲利浦继承王位,开始了七月王朝。七月王朝实际是君主立宪制国家。

七月王朝代表以金融贵族为主的大资产阶级的利益,实现大资产阶级的专政。在七月王朝的反动统治下,工人们受尽了资本家的残酷剥削,每天劳动长达 15 至 18 小时,却只能维持最低生活水平,1831 年至 1834 年间,工人阶级先后在巴黎、里昂等地举行起义,其中 1831 年 11 月和 1834 年 4 月的里昂工人武装起义规模最大。里昂工人起义虽然失败了,但它是世界历史上无产阶级最早拿起武器反击资产阶级的伟大斗争。从此,无产阶级反对资产阶级的斗争在法国的历史中升到了首要的地位。

伽罗瓦就是生活在这样一个动荡的年代里。他 1811 年出生,那时正是拿破仑帝国的后期。三年后拿破仑被迫退位而波旁王朝路易十八复辟。事隔不到一年,拿破仑又卷土重来,重新登位称帝。百日以后,又被击败退位,这次拿破仑彻底垮台,而路易十八重新复辟，封建王朝统治又重新开始。这时伽罗瓦已近4岁，虽然他年纪还小，但社会的变更反映在父母身上的政治态度和行动，都会在伽罗瓦那幼小的心灵上留下深刻的印象。波旁王朝的统治长达15年，这段时间恰好是伽罗瓦成长的重要阶段，也是他短暂一生的大部分生活时间。可以说，他基本上是生活在波旁王朝复辟时期。伽罗瓦赶上了1830年的七月革命，那时他正在巴黎师范大学读书。他亲身参加了这场革命，积极投入到革命的洪流中去。七月革命的胜利却被金融贵族集团利用，并窃取了胜利果实，他们推选奥尔良公爵路易·菲利浦继承王位，建立了一个君主立宪制的国家——七月王朝。七月王朝的建立，使法国又重新回到了大资产阶级、大封建贵族统治的时代。伽罗瓦生命的最后一段便生活在这一时期，这一时期是他生命最辉煌的时期，也是他最不幸、遭受迫害最多的日子。在这一时期内，他只生活了两年，1832年5月31日就告别了这纷乱复杂的人生世界，走完了他那传奇的一生。

3. 巴黎师范大学——一座精神的樊笼

现在,我们重新回到伽罗瓦的大学时代。

1829 年,巴黎师范大学的生活方式完全是修道院式的。学生们在每顿饭前和早课的前后都要大声朗读祈祷文。每晚睡觉前都必须端坐堂前,细心听取一段关于宗教课题的谈话,然后才允许睡觉。每月要向主做一次忏悔。如果哪一位学生胆敢连续两个月一次忏悔也不做的话,那么他就要被学校开除。这些清规戒律压得人喘不过气来,学生在学校里的主要任务似乎不是学习,而是在修道院里进行感化教育。伽罗瓦主要是想在巴黎师范大学里从事他的数学学习和研究工作,所以他对这里的生活感到很不愉快。但这一年对他来说,与今后的日子相比,却又是最顺利,而且是他在数学上成就最辉煌的一年。

4. 又一次被命运捉弄——参加数学大奖赛手稿的丢失

到1830年2月，伽罗瓦已经完成了好几篇具有重要意义的学术论文。从1828年开始，他就一直着手研究代数方程的可解性问题。他的超常能力被所有的教师与学生所公认，他刻苦努力、夜以继日钻研的精神也为人们所折服。功夫不负有心人，他终于取得了数学上的初步成就。在他写的这些文章中包含了他关于代数方程理论的伟大工作，伽罗瓦得到了代数方程能用根式求解的充分必要条件是自同构群可解。这为代数方程可解性的研究注入了新的思路，开辟了新的领域，他的工作成就远远地超过了当时其他数学家们所得到的任何结果。他决心将自己撰写的全部论文拿出来，应征法国科学院的数学大奖。这一奖项是数学研究中的最高荣誉，只有当时第一流的数学家们才有资格去竞争。伽罗瓦满怀信心，认为自己一定能获得这项大奖。了解他的专家们也认为伽罗瓦的论文完全有资格获奖的，因为这是最富于独创性的工作。伽罗瓦也自信地说："我做出的这些研究成果，将使许多著名学者对他们的研究踌躇不前。"

1830年2月，伽罗瓦将自己的参赛论文递交法国科学院。手稿完全地转到了秘书手中，当时任科学院秘书的是著名的数学家、物理学家傅里叶，他是科学院的院士兼终身秘书。傅里叶把伽罗瓦的论文手稿带回家，准备详细审阅，只可惜傅里叶还没来得及审阅，就于1830年5月16日去世了。人们在他去世后整理他的遗物时，始终没有发现伽罗瓦的论文手稿。伽罗瓦递交给科学院的论文就这样遗失了。他错过了参赛的机会。同时，使伽罗瓦在学术上又一次失去了被肯定、被发现的机会。噩运又一次极不公平地降临到伽罗瓦的身上，那时他才19岁。这个结局使伽罗瓦非常愤慨，他认为科学院的这些元老们太不负责任了，在柯西因疏忽丢失了他的稿件之后，又发生了同样的事情，真是令人费解。同时，伽罗瓦也很蔑视这些科学院的老爷们。原先他很敬重他们,而现在一次又一次的不负责任,使他非常瞧不起他们。他认为,两次同样的疏忽很难用“偶然”两字来解释,而是这社会造就了这样一批庸人,他觉得自己成了社会势力的一个迫害对象,他愤慨地说:“天才是被一个恶毒的社会组织为了有利于奉承讨好的平庸之辈,而判定永远不给予公正的。”这种感情在这位刚成长起来的年轻数学家的心中留下了深深的烙印。想起父亲的惨死,又想到自己现在的遭遇,他更加痛恨这个社会,痛恨腐败昏庸的掌权者,痛恨那些大资产阶级和封建贵族,痛恨那些无所事事、阿谀奉承的小人。

5. 结识终生好友——奥古斯特·舍瓦烈

在巴黎师范大学学习期间,伽罗瓦总愿意一个人徘徊在学校的花园内。那是一个幽静、充满青绿和花香的角落。花园的面积不大,但四处浓荫密布,在每一棵大树下都摆放着供人休闲、阅读的长椅。花园中间是一个较大的花坛,一年四季总有些花儿在花坛中盛开，花坛四周环绕着一片青青的草地，到了夏季，花坛就热闹了起来，在繁花盛开的时候，各种彩蝶、小虫、小鸟在花坛中飞舞着、歌唱着，为这一隅幽静之处带来了欢乐与热情。

伽罗瓦一有机会就来到这座花园，沿着曲径散步，边阅读边思考，一有心得就马上坐到长椅上拿出纸笔写下自己的体会与发现。花园是他最钟情的地方，来到了花园，就似乎躲开了那沉闷窒息的学校气氛，忘掉了那呆板的教条、毫无生气的教师和他们所讲的枯燥的教学内容，而任凭自己那极富创造性的思维在数学这一美妙世界中驰骋奔腾。他展开想象的翅膀遨游飞翔，创造建构着世界上最伟大的工程。来到花园，他就好像回到了他那温暖可爱的故乡，回到了家中的庭院，那散发着田园风光的小镇和自己充满温馨气氛的家园，那里有花香，有和妈妈一同亲手栽种的树木，有供他玩耍的秋千等玩具，有他宠养的小猫、小狗、小鸽子等各种小动物……总之，家中的庭院有他美好幸福的童年、少年记忆，有父母和家人们的亲情，有他成长、生活的印迹，有他永远怀念的最美好的回忆。置身在学校的花园中就如同在家里的庭院中，他像一只小鸟，那高大的遮阳树木就如同父母的羽翼，他躲藏在父母的羽翼下得到了一份温暖与安全感，免受伤害与威胁。

花园对他至关重要。同时，在花园里他又结交了一位对他的一生来说都至关重要的亲密朋友——奥古斯特·舍瓦烈。

1830年5月的一个傍晚，伽罗瓦在晚饭后照例来到了花园，月色朦胧中隐约可见一群人，约有七八个人，聚在一棵大树下，围坐在一起，其中一位青年，有些神秘地压低着声音，侃侃而谈，围坐在一起的同学们都在聚精会神地倾听着他的讲演。伽罗瓦也被这位青年吸引着悄然走过去，悉心倾听。走到近处，他发现原来是科学系的一位同学在讲演，而听众是本校各年级的同学。看到伽罗瓦的到来，大家显得有些紧张和介意，讲演者一看是伽罗瓦，略微沉吟后兴奋地说："您好！我知道您，您的名字叫伽罗瓦，是我的下一届同学。我们来认识一下吧，我叫奥古斯特·舍瓦烈，我们正在讨论一些同学们关心的问题。应该说，我对您有些了解，知道您在数学上有着极高的天赋，而且为人正直善良、极富正义感。您若有兴趣的话,欢迎您参加我们的讨论。”伽罗瓦在略显尴尬之后,经舍瓦烈这么一说,感到既新鲜又好奇,而且自己又受到了邀请,心中有一种难以言表的高兴,于是便欣然接受了邀请,加入到了这群人的讨论之中。

从此,伽罗瓦就正式接触到了“政治”这个词语的实际含义。舍瓦烈把伽罗瓦引上了革命的道路,并成为伽罗瓦一生中最亲近的朋友。

奥古斯特·舍瓦烈是一位坚定的圣西门主义者,而且是圣西门主义的第一批成员。圣西门(1760—1825)是空想社会主义的创始人之一,他出身于贵族家庭,16岁赴美洲参加北美反英独立战争,后来回国参加法国大革命。在大革命之后,他放弃贵族爵位,积极参加社会政治活动,并最终成为政治活动的领导人。他提出的政治纲领是完全崭新的思想体系,与法国资本主义制度下所遵循的政治纲领及思想体系是针锋相对的。在他的科学著作中,毫不留情地揭露了资本主义制度的缺陷与弊病,并明确地指出:社会主义必定要代替资本主义。他具体阐述道,在社会主义社会中,起决定作用的应当是劳动人民以及产业家和科学家。圣西门认为，在社会主义制度下，所有人都要劳动，一个人的地位应取决于他的劳动，提出“各尽所能、按劳付酬”的社会分配结构。他还预见到计划管理社会经济的必要性。但圣西门和傅立叶（空想社会主义的另一位创始人）所面临的最大问题是，他们不知道该以什么方式、通过什么途径来实现自己的愿望。他们的致命弱点是没有充分估计和认识到无产阶级的力量和作用，没有把无产阶级当作自己的依靠对象，而把希望寄托在说服资产阶级改变其政治立场上，因此，他们所提出来的社会主义最终也只能是一种空想。

舍瓦烈在同学们中间聚众结社，就是向同学们宣传圣西门主义的思想观点，同学们对这种观点的讨论和争辩是相当热烈的。伽罗瓦在讨论和争辩中逐渐加深了对政治的理解，特别是在与舍瓦烈密切接触的过程中，他们之间的每一次谈话都使伽罗瓦大开眼界，懂得了很多革命道理，知道了当时的社会政治的基本状况，清楚地了解到当局的反动社会的黑暗，把自己以前受感情左右的爱憎观上升到了理性地看待社会和认识社会，对社会上的一切丑恶与不公能深刻地认识到它们的本质。伽罗瓦的思想在逐渐地成熟起来，他不仅知道了各种派别的政治观点，而且有了自己的政治观点和主张。他并不完全赞同圣西门主义的观点，例如他认为“各尽所能、按劳付酬”的口号中所包含的思想，不能完全表达他对这个问题的看法，觉得这个口号似乎不够宽宏大量。舍瓦烈把伽罗瓦引上了政治这条大道上，正如他在数学大道上迅跑一样。伽罗瓦从此开始了在政治大道上的迅跑。他以战士的姿态参加着以后的一次次政治运动，并在战场上冲锋陷阵，誓死捍卫正义与自由。他的聪慧睿智、勇猛顽强，不仅体现在数学研究中，而且同样地体现在政治活动中。这大概就是他的性格所在，他对进步的追求和渴望，决定了他的工作态度，他不论做什么，只要认定方向，就奉献出最热烈的激情，用尽自己最大的力量，不遗余力地去做。因此，作为数学家的伽罗瓦和作为革命家的伽罗瓦，是他追求正义、渴望进步这一崇高思想的两种具体表现形式。

6. 第一次政治行动

自从伽罗瓦接触到政治以来，他对建立一个进步、平等和正义的社会的渴望越来越强烈，他的思想在迅速地进步着，这种进步已经远远地超出了他的同龄人。恰在此时，1830 年 7 月 26 日，历史上著名的法国七月革命爆发了，由共和党人发动的一场以推翻波旁王朝为目的的战斗打响了！7 月 26 日清晨，巴黎上空到处响彻着“打倒波旁王朝”“宪法万岁”的口号声，市民们行动起来，纷纷走上街头举行了声势浩大的集会和示威游行。在游行的队伍中有巴黎各大学的学生、工人、小职员、小商人、退伍军人，还有部分现役士兵。整个巴黎市变成了一片愤怒的海洋，这滚滚的怒潮汹涌澎湃，一直向国王居住的秋以里宫冲去，他们要打倒波旁王朝，活捉查理十世，使法国结束这黑暗的统治，让人民重见天日。在冲向王宫的道路上，由巴黎工人和广大群众组成的武装起义队伍与军警们展开了殊死搏斗，在巴黎各条街巷上都进行着激烈的战斗。参加武装起义的人数达8万多人,战士们抱着推翻反动统治的坚强信念英勇奋战、毫不退缩、前赴后继,经过三天的激战,终于在7月29日,起义队伍攻进了秋以里宫,七月革命获得了胜利。

在这"光荣的三天"中,综合工科学校的同学们走上街头,英勇无畏地投入到革命洪流中去,而伽罗瓦所在的巴黎师范大学却按兵不动,校长吉尼奥为了阻止学生们参加这场革命,命令把学校所有的大门锁上大锁,不允许任何一个人出去。学生们全部被锁在校园里。

伽罗瓦得知革命爆发的消息,听到墙外那震耳欲聋的口号声、愤怒的呼喊声与厮杀声,他感到异常的兴奋,浑身充满着战斗的激情,恨不得马上越出高墙立即投入到这伟大的战斗中,伽罗瓦决心动员同学们和他一起参加这场斗争,他激昂地宣传着革命的道理以及作为大学生身上所肩负的历史使命与社会责任,但同学们由于长期接受的是修道院式的"正统"教育,他们大部分人都胆小怕事,不愿多惹麻烦,所以畏缩不前。另外,更主要的是校长吉尼奥向同学们施加压力，他要求同学们每人写一份保证书，要他们以名誉担保自己不去参加游行活动，不离开师范大学校园。伽罗瓦对校方的无理要求义愤填膺，他拒绝做出任何保证。他与校长进行辩论，要求校长说明这样做的理由，校长不仅不予答复，反以学校校规为由向伽罗瓦施压，并出言不逊，讽刺挖苦，伽罗瓦对此怒不可遏。无奈，校门紧闭，他无论如何也无法出去。他焦急万分，看到别人都投入了战斗，而自己却在这儿坐视不动，心里有种说不出的滋味。他最后决定，晚上天黑后趁人不注意时跳墙逃出去。这一天显得格外长，每一分钟的时间都如同延长了10倍，伽罗瓦的心被煎熬着，想到自己晚上要采取的第一次革命行动，他格外地兴奋、激动，听到墙外那时时传来的枪击声、呼喊声，他更加着急。为了晚上的行动，他白天围着校园四周的围墙转悠着、侦察着，看什么地方最容易跳出去。围墙都太高，几乎没有一个地方能出去，好不容易选准了一个僻静的拐角处，那底下有一个小土堆可以借助，成败与否只有在这儿一试了。

夜晚终于来到了，吃完晚饭后，伽罗瓦做好了一切准备,他首先来到他熟悉的花园中,在那儿佯装读书,等到夜深人静的时候再采取行动。夜终于深了,伽罗瓦来到预先选定的墙角处,拿出他准备好的工具准备越墙,可是工具很不好用,对于爬墙来说简直是无济于事,而他所能寻找到的只有这些了。工具不管用,只有另想办法,他忽然想到了花园中的长椅,若能搬来几个摞起来,不就可以出去了吗?他飞快地来到花园,结果发现长椅是被死死地固定在地上的,经过一番努力,伽罗瓦也无法把它从地上挪动一下。这时已是下半夜了。离天亮只有两三个小时,长椅是借用不上了,只好寻找些石头,找了半天也没找到能解决问题的垫高物。他无可奈何地又一次来到墙角处,做着毫无希望的一次次努力,终因他身单力薄,围墙高大,他没有如愿。他精疲力竭地倚着墙角坐在土堆上,心情非常沮丧。这时他在想,如果舍瓦烈还在学校该有多好,他不仅能帮助伽罗瓦越墙,而且还可以同他一起战斗,而这时的舍瓦烈已经毕业了,因此他帮不上伽罗瓦,伽罗瓦只好孤军作战。

校方对这次运动所采取的无理行径和自己越墙

行动的失败,使得伽罗瓦更加痛恨这个社会,也更加渴望起义的成功和新政府的诞生。在无限的遗憾与惆怅中,他等待着起义的结果。当他听到起义终于成功的消息后,真是高兴万分、欣喜若狂。在欣喜之余也为自己没能亲自参加这场斗争而感到内疚和遗憾。从此,他更加坚定了自己的政治立场,更加增强了斗争的勇气和信心,并下决心要立即坚定地投入到革命的斗争中去。

7. 将伽罗瓦推向深渊的人——巴黎师范大学校长吉尼奥

吉尼奥本人也是巴黎师范大学的学生,1811 年在该校希腊文化史专业毕业。1818 年,他被任命为该校检查学生课堂作业的负责人。到了 1830 年,他已当上了巴黎师范大学的教务主任兼校长。他之所以能平步青云,升迁得这么快,就在于他是一个趋炎附势、善于左右逢源、见风使舵的人,他没有什么固定的政治立场,他的处事准则是:永远站在胜利者的一边。他阻止学生参加示威游行,而且在教育部门的所有官员中,他是唯一禁止学生参加示威游行的人,并不是因为他拥护保皇党,坚定地站在波旁王朝一边,而是他还没有辨别清楚哪一边能取得最后的胜利。他心里有一种感觉,似乎波旁王朝不会轻易覆灭。当然这也是他所希望的,这倒不是因为他是效忠者,而是觉得如果现任政府被推翻了,那么他花多年心血打通的各条门路也就随之消失了,他还得重新巴结新政府的新官员,重新花费时间、精力和经费来建立新关系和疏通新门路,为自己以后的升迁铺平新道路,这岂不是一件很费劲儿的事,所以从他个人的利益出发,他是很不希望现政府倒台的。正因为如此,他也痛恨那些起义者,所以不支持学生上街游行就是理所当然的了。而且他更主要的顾忌是怕一旦起义不成功,被政府给镇压下去了(这是他多年总结出来的经验),那么政府一定要清查参加示威游行和起义的人们,如果自己的学生参加了,追查起来就会连累自己,这对自己太不利了,甚至还会丢掉官职,所以,他思来想去,还是决定禁止学生参加这场政治斗争。他坐视观望着，看形势会发生如何的变化。

起义终于成功了！这是他不希望的，也使他感到震惊，看到革命的力量如此强大且不可阻挡，他从心底里感到害怕，因为自己预见的错误而做了错误的决定，如果新政府和革命党人知道了，追究起来，自己的罪名就大了。但他毕竟是一个要政治手腕的行家。尽管他在学术上愚蠢浅薄，但在变幻莫测的社会变革中“走钢丝”的本领还是很高深的。到了8月3日，他看到革命党人推翻波旁王朝的事实已成定局，不会再有反复，新政府已经建立。这时，他马上采取行动，在当时刊行的《地球报》上发表了一则报道，说是巴黎师范大学在他的领导下，全体师生随时准备执行新政府的命令，并在报道中批评了学生们没有积极参加示威游行以支持新政府的革命行动是没有政治头脑的表现，而且竟然表示愿意把学生交给新政府随意处置。这种厚颜无耻的政治伎俩蒙骗了新政府，但遭到了学生的不满和抗议，也使伽罗瓦更加清醒了。他不再对这种政治骗子抱有任何幻想，认为只有行动起来，积极地投身到革命的洪流中去,推翻旧政权并不是革命的目的,革命的最终目的是要建立一个自由、民主、和平的新国家,组建一个为大多数人谋利益的新政府。为此,他需要参加到一个政治组织中去,为实现自己的理想而奋斗。

8. 人民之友协会——伽罗瓦的政治之家

在波旁王朝推翻拿破仑帝制实行复辟时期(1815 年 7 月 8 日—1830 年 7 月 30 日),法国政坛上出现了三个政治集团,一是极端保皇派,他们代表着封建贵族、大地主和天主教上层教士的利益,力图恢复封建制度和贵族、教士的特权,他们的政党是保皇党;二是君主立宪派,他们代表着一部分官僚地主和工商业资产阶级上层分子的利益;三是自由派,他们代表着一般工商业资产阶级(即当时的中小资产阶级和部分银行家)的利益,他们成立了自由党。在此期间,自由党内部分化出一个小派别,成为党内的激进派,他们虽然人数不多,却是由优秀分子组成的。这批少数人组成了共和派。他们是自由党内的左派，也是当时最先进的政治团体。

在波旁王朝复辟期间，自由党人的势力逐渐地扩大发展，他们在议会中的席位不断增加，而且有些自由党人已占据政府要职。他们也从中小资产阶级发展成大资产阶级。因此，他们在政府中主要代表的是大资产阶级的利益而不是人民的利益和无产阶级的利益。但是从 1824 年查理十世继位后，他完全代表着大封建贵族和天主教教会的利益，任命保皇派组成王朝政府内阁，而排斥打击其他政党派别的势力，这引起自由派的激烈反对，因为他们的利益遭到了重大的损失。查理十世害怕自由派掌握国家大权，所以就在 1830 年 5 月解散旧议会，并成立新议会，但在新议会中，自由派仍占多数。这使查理十世很恼火，面对这种情况，他想出了一个新办法，企图限制工商资产阶级的选举权，所以于 1830 年 7 月，颁布了七月敕令，规定只有缴纳一定土地税的大地主才有选举权。因为工商资产阶级是自由派的主要成员，当然这条敕令就是以法律的形式剥夺了自由派的选举权，从而阻止了他们想掌握政权的计划。因此，自由党人通过巧妙地宣传，争取到了共和派的支持，而共和派和人民群众的联系很密切，因此自由党利用人民痛恨波旁王朝的心理，通过共和派来号召广大民众起来推翻政府。同时，七月敕令的颁布又给他们提供了一个推翻王朝统治的理由，使自由党人找到了他们期待已久的发动群众武装起义夺取政权的借口。于是就出现了我们前面所说的7月26日开始的大暴动。

但是，七月革命并没有给法国人民带来好处。革命后，共和派虽然发动了革命，领导了起义，却并没有掌权，因为他们人数太少，不足以把握政治局势，而是由自由党人掌握了新政权。他们是由工商企业的资产阶级和银行家们把持的政党，被称为金融贵族集团。革命的胜利果实被他们窃取了。他们拥戴接近他们的奥尔良公爵路易·菲利浦继承王位，实行了君主立宪制国家形式，史称七月王朝。路易·菲利浦政府制定的一切政策，完全是为金融贵族集团的利益服务的。他们的对外政策是蹂躏各民族的利益，对内政策是与人民的利益背道而驰，甚至与波旁王朝的遗贵们秘密联系。这就使法国资产阶级内部出现了一股反政府的势力，这就是共和派，他们彻底从自由党内分裂出来，成立了共和党，他们虽然出身于资产阶级，却鄙视资产阶级的所作所为，所以组织起来反对资产阶级及其政府。在组织上，他们是由几个爱国团体联合而成的。在这些爱国团体中，最著名的就是人民之友协会，简称人民之友。伽罗瓦于 1830 年 11 月加入了人民之友组织。从此，他成了一名有组织的战士。

在加入人民之友协会的同时，伽罗瓦报名参加了国民自卫军炮兵队，其中有两个炮兵连完全由共和派组成。人民之友的奋斗目标是建立国民议会，实现社会进步和社会福利。他们庄严地宣布，没有社会进步和社会福利，就没有国家的未来。他们是自由民主的战士，是捍卫国家利益和民族利益的爱国者。由于路易·菲利浦政权越来越不得民心，所以共和党的队伍在日益壮大，这使菲利浦当局十分害怕，当局开始了反对共和派的行为。首先是在报刊上发表反对共和派的文章，然后对他们中间的积极分子派警察暗中监视，并且在协会里安插了间谍人员，这些人不仅向政府密报人民之友的政治活动，而且从中挑拨离间，妄图削弱以致毁灭人民之友协会的力量,幸好被会员们及时察觉,他们的阴谋没能得逞,但人民之友的活动不得不转入半地下的形式。

伽罗瓦是巴黎师范大学中唯一参加人民之友协会的学生。他怀着极大的热情在人民之友协会中努力工作,在学校中不仅向同学们积极宣传共和党的纲领,而且开始揭露巴黎师范大学校长吉尼奥和教授库申在七月革命时期所表现的投机行径。可惜的是,他的这些宣传没有得到同学们的理解和赞同,因为师范大学的大多数学生们并不把学校领导人的投机行径看作是可耻的现象,反而一举一动都极力仿效他们的领导人,认为只有像他们的校领导那样,在这个社会里才能有前途。所以,他们是不会支持和赞同伽罗瓦的行动的。虽然他们完全承认伽罗瓦是天资聪颖、非常有前途的数学奇才,但是他们认为一个好学生是不应该过问政治的。吉尼奥和库申更是对伽罗瓦怀有敌意,认为他是害群之马,并伺机进行报复。这个机会不久就来到了,吉尼奥和库申对伽罗瓦无端的报复得逞了,而这一报复对伽罗瓦的打击和伤害是不可估量的。

9. 堕入深渊——一封匿名信给伽罗瓦带来的灾难

在19世纪30年代的法国,出版了两份报纸,主要是以报道科学界所发生的各种事情为办报宗旨,这两份报纸的名字叫作《中学报》(*Le Ly-cée*)和《学校公报》(*La Gagette des Ecoles*)。1830年12月5日,在《学校公报》上发表了一则长篇报道,主要内容是揭露批评巴黎师范大学的领导吉尼奥。为了给自己的观点找到论据,报道中援引了一封匿名的公开信,这封信的落款是"师范大学一学生"。报道和信的原文如下:

答复吉尼奥先生和《中学报》

我们把吉尼奥先生称为"温文尔雅的师范大学校长",显然是刺痛了他。他想要保持道学先生的语音、腔调和各种风度,想看到自己家里有“沙龙”，并且要我们对此只字不提。我们认为，这就是一个警告。好吧，我们再不应对他的名字进行屡受社会良心谴责的粗暴的私人攻击了。我们非常了解，对于竭力想远避旁人耳目而悄悄地走着自己道路的人，任何涉及他们个人的意见，看起来总是过分粗暴的。下一次如果看见一个人左右开弓，击败自己道路上的一切阻碍物时，我们就要装出什么也没有看见的样子，并拿起长柄眼镜，表示我们的视力很差。我们不会毫不客气地责备吉尼奥先生巧妙地利用吉本先生生病而得到预科学校教务主任的职位，我们要对钻营家和阴谋家说几句含糊的话。我们不想说，吉尼奥先生刚刚开始主持教务处，就开始钻营起来，最后他谋到校长的职务，后来又谋到教育总监的职务；我们也不想断言，不过仍然是假定着说，他很乐意挑起大学生总顾问头衔下的重担，只要他能侥幸谋到这个头衔；我们不会伤心地惋惜师范大学一切都恢复了老一套。我们不管这些,宁可一般地去指摘事物过分迅速地向前发展,这样才一定不会给自己、给别人惹来麻烦。我们不想叙述吉尼奥先生如何不满足于这些,而尽力设法损害别人来保障自己在生活方面的小福利,以及他又如何逼迫一位教授搬出普列西学院的免费宿舍——不管这些,我们将保持沉默,因为沉默较有礼貌。

至于《中学报》,我们只想谈一点。在惠赐给我们15行答复中谈到所有大学教授的职务必须通过竞争而取得一节,我们却找不到对不合理情况的解释。但愿报纸在辩论中稍能保持诚实,也许这会有助于我们更好地相互理解。

我们刚刚收到下面的一封信,未必有什么比它能更好地补充我们的答复了。

1830年12月3日

下面是信的原文:

阁下:

吉尼奥先生昨天在《中学报》上发表的有关贵报刊登一篇文章的信，在我看来是完全不能容忍的。我想，您一定准备使用一切手段来揭露这个人。

下面就是46位学生可以加以证实的事实。

7月28日早晨，当师范大学的几位学生表示希望参加斗争以后，吉尼奥先生曾两度扬言，他准备召唤警察来恢复学校的秩序。7月28日的警察！

在同一天，吉尼奥先生以他习惯的书呆气告诉我们说："不少勇敢的人被左右两派杀死。假如我是一个军人，我就不能决定做什么。应该牺牲什么呢？是自由还是法律秩序？"

就是这个人在第二天用三色帽徽装饰自己的帽子！这就是我们自由主义的道学先生！

阁下，还应该知道，充满高尚的爱国主义情感的师范大学学生们，在不算很久以前,会见了吉尼奥先生,通知他关于他们打算向国民教育大臣请愿的意图。他们希望拥有武器并进行军事训练,以便在必要时能够保卫自己的国土。且看吉尼奥先生的答复。他的为人也像他7月28日的答复一样是自由主义的:“答应向我提出来的请求会使我们变成人家取笑的对象。这是仿效各院校所发生过的事情。这是不体面的事情。我提醒你们的注意,各院校向大臣提出这样的要求,只有两位皇家议会的委员投票赞成,恰恰这两位并不是自由主义者。大臣之所以同意,只是因为他害怕学生们的不安情绪,也就是有完全破坏大学甚至综合技术学校危险的值得令人遗憾的情绪。”

不过,我认为,吉尼奥先生在某一方面有充分理由否认他对新的师范大学持偏袒态度的指摘。就他而言,没有任何东西能比旧的师范大学更美好的了,旧的师范大学——就是一切。不久以前我们向他申请制服,他拒绝了,因为旧的师范大学没有制服。在旧的师范大学里,学习期限为三年;在设立预科学校以后,第三学年被认为是无用的,吉尼奥先生设法恢复了旧学制。

就在旧的师范大学里那样,我们不久就要每月只限外出一次,并在下午5点钟以前返校。遵守库申先生和吉尼奥先生所建立起来的制度应该是多么惬意!

在我们校长身上,一切都表明他的思想极其贫乏,墨守成规已经达到了不可救药的地步。

我希望,这些详细情况不会使您感到不愉快,贵报会从中汲取应有的好处。

师范大学一学生

校长吉尼奥看到了这篇报道和匿名信后非常恼火,这种无情的揭露和辛辣的讽刺使得他的名誉受到了极大的伤害,他两面派的嘴脸被暴露于光天化日之下,这对他在新政府中谋求官爵的阴谋是一个很大的打击。他心中憋气又窝火,恨死了那篇报道的撰写者，更加痛恨那位“师范大学一学生”，心想：“竟敢在我所统治的领地内出现叛逆，真是胆大包天，看我如何整治你，不把你置于死地，我绝不善罢甘休！”

这人究竟是谁呢？吉尼奥坐在办公桌前，手里拿着笔，在一张纸上写着一些人的名字，回忆着革命这三天以来在学生中表现最激烈的、叛逆性最强的人，毫无疑问，只有伽罗瓦，伽罗瓦就是那写信的人！他这样武断地认定，不由得从沙发中跳起来，走到窗前，正在这时他看见伽罗瓦和几个同学从校园的广场前走过，伽罗瓦边走还边向同学们讲解着，尽管吉尼奥听不清他在说什么，但伽罗瓦那慷慨激昂的演说，使他确认伽罗瓦一定又在煽动学生进行什么革命，要不就是在鼓动学生与学校作对。他顿时邪从心底起，恶从胆边生，心里暗下决定：“为了让他知道我的厉害，一定要把他撵出去！决不能让这害群之马再留在学校里煽风点火。”

下定决心之后，他立刻起身来到教务处下达他的指令，要求教务处马上把伽罗瓦遣送回家，理由是他做了有损于学校名誉的事，具体地说，就是写了那封匿名公开信,因此不能再来学校读书,并决定开除他。这件事对学校来说是一件非常重大的事,因为在当时的法国,大学校长是没有权力开除学生的,要国家教育委员会批准才行。而吉尼奥这样做明显是违反规定的。他不敢亲自面对伽罗瓦,因此就指派教务处长雅斯克来完成这一任务。雅斯克找到了伽罗瓦,宣布了校长的命令,并要求伽罗瓦当天离开学校。伽罗瓦被这突如其来的打击怔住了,稍后他立刻镇定下来,冷静而严厉地质问雅斯克:“吉尼奥认定我是匿名信的制造者,请拿出事实根据来。”这本身就是吉尼奥凭空臆造的,哪有什么根据,所以雅斯克根本拿不出任何凭据,但是校长的命令他不得不执行。这时同学们也纷纷围拢上来,不仅要求说明理由,而且指出学校是没有权力擅自开除学生的。一时间,在科学系引起了一阵骚乱,有的同学认为伽罗瓦是无辜的,也有的同学认为这信就是伽罗瓦写的,只是他不敢公开才匿名的。在同学们的嘈杂声中,雅斯克声嘶力竭地喊着:“伽罗瓦!你敢不敢说这封信不是你写的?”同学们立刻静了下来,所有人的目光都集中在伽罗瓦身上,他们鸦雀无声,在等待着伽罗瓦的回答。伽罗瓦真想大声疾呼:这封信根本不是我写的,它与我无关!可是一看到雅斯克那丑恶的嘴脸,一想到吉尼奥那为个人利益而不择手段的蛇蝎心肠,再看到同学们那善良的目光,他突然意识到自己所说的话的影响和责任。如果他果真直接说明,信不是他写的,那么吉尼奥首先是不会相信。其次,吉尼奥即使是相信了,他也不会减轻对伽罗瓦的惩罚,因为他对伽罗瓦的敌视与仇视并不只因为这一件事,而是政治立场、观点的相悖,他一直在千方百计地寻机报复。现在终于有了借口,所以他绝不会轻易改变自己的决定,伽罗瓦仍然是要被开除的。第三,若当吉尼奥确认信不是伽罗瓦所写,那么他一定要费尽心机地去寻找另一位可能写信的人,也将会用同样的手段迫害另一位善良的无辜者或正义的勇士,这样就会又多一名受害者,伽罗瓦不忍心再有一个悲剧发生。伽罗瓦深知被学校开除意味着什么,对于一个青年学生来说这无异于遭到灭顶之灾。他觉得他有责任不让悲剧重演。所以,面对雅斯克的质问和同学们的目光,他没有正面回答这个问题,他既没有承认也没有否认。只是说了句:

“你们欲加之罪，何患无辞！我现在不必向你解释什么，会有说理的地方。”说完后，他愤然离去。

据我们所能找到的所有史料，没有一份能证明这封信是伽罗瓦写的，当然也没有一份能证明不是伽罗瓦写的。现在就让我们来分析一下：伽罗瓦是一个热情洋溢、胸怀坦荡的热血青年，按照伽罗瓦的性格和为人，如果他写了这封信，那么他一定会将自己的名字毫不隐讳地写在上面。这是因为在后来伽罗瓦被捕入狱的时候，法院开庭审判，伽罗瓦的朋友们为他请来了一位聪明善辩的律师，这位律师为伽罗瓦拟定了一篇巧妙的辩护词，如果默认律师的辩护，那么他将完全有把握被无罪释放，可是伽罗瓦没有这样做，他把法庭作为他宣传自己的政治信仰、揭露反动势力的场所。通过这个例子足以说明，他是一个耿直、从不隐瞒自己观点的人，即使是在自身受到威胁的时候，他也不会有丝毫的妥协，更何况他可以完全自由地表达自己的观点，为什么还要隐姓埋名呢？他的这种性格不仅表现在政治上，还表现在他对科学的态度上，以及日常的生活中，所以他不可能在一封信上出现这么大的转折。另外，我们来仔细阅读一下这封信，就会发现信中的风格和言词也不像伽罗瓦的手笔和言行。伽罗瓦那与生俱来的激烈铿锵之词是不可能用任何同义词来代替的。如果能，那绝不是出自伽罗瓦之手。所以，通过上述分析，我们可以得到这样的结论：这封匿名信不是伽罗瓦所写。那么，人们为什么要猜测是他写的呢？这原因显而易见，就是他们认为只有伽罗瓦才敢向旧势力挑战，所以人们想象是他，也希望是他。

伽罗瓦没有直接否认写信之事，除前面所说的理由外，他一定还考虑到了这样几点：首先，他为师范大学能有这样勇敢的同学而叫好！这是他以前没有想到的，因为他以前在动员同学们起来为正义而斗争，为打破学校沉闷的政治气氛和呆板的教学风气而斗争时，同学们都显得并不很积极。现在突然闯出这么一位勇士，他在看了当天(12 月 5 日)的报纸时就已经在为他叫好，并为他骄傲和自豪。伽罗瓦认为，师范大学的学生终于觉醒了！

另外，毫无疑问，他表达了伽罗瓦的心声。伽罗瓦和他的观点是完全一致的。如果要让伽罗瓦来写，那么言词会更加尖刻入骨、毫不留情。伽罗瓦悔恨自己为什么没有想出这个点子来揭露校长这一伪君子。现在有人大胆地这样做了,自己为他承担风险,受到迫害也是值得的。他觉得这是自己支持正义事业的一种牺牲,这种牺牲是崇高的。况且,他觉得在这个学校里继续待下去也完全是在浪费时间。

下面我们不妨扮演一个侦探的角色来客观地分析一下,写信的人可能是谁呢?

除了伽罗瓦以外,大概会是这样一些人:

(1)师范大学的一位学生。因为落款明确指出,所以应该首先这样想。但是根据当时师范大学学生参与政治斗争的实际状况,能做到这一点的学生寥寥无几,所以人们才会怀疑是伽罗瓦。那么,这位学生之所以能做出如此举动,他的动机可能有三个:

一个是他确实有一定的政治觉悟,只是平时没有外露,而采用这种方式来与旧势力进行斗争。

一个是他受人指使,目的是为了嫁祸于伽罗瓦。这是最可怕、最卑鄙的行径!

再一个就是出于嫉妒,为了想陷害伽罗瓦而写此信,按惯例,人们一定会怀疑到伽罗瓦,从而可以借别人之手来达到自己的目的。

(2)这封匿名信根本就不是师范大学的学生写的,可能是由于种种原因,对吉尼奥怀有仇恨,为了搞臭吉尼奥而揭发他的丑陋行径。

经过这样一分析,我们就更清楚地认识到,虽然信究竟是谁写的至今仍是个谜,但伽罗瓦写此信的概率并不大。这说明吉尼奥对伽罗瓦进行处分确实是一个大冤案,是无端的迫害。从历史的角度来看,说他是一名历史的罪人一点儿也不为过。

赶走伽罗瓦后,吉尼奥心里也忐忑不安,他知道伽罗瓦是绝不会善罢甘休的,一定会揭露他、控告他,不会轻易放过他,他一定要先下手为强,一不做二不休,于是他开始施展耍政治手腕的惯用伎俩。在赶走伽罗瓦的当天,他马上着手做两件事:一面发动师范大学的学生揭发伽罗瓦的“罪行”,搜集为伽罗瓦定罪的材料。一面联合库申一起写信给国民教育委员会巴黎大学大臣,请求批准开除伽罗瓦的学籍。库申是师范大学的学术委员、索尔奔纳分院的教授、皇家国民教育委员会的顾问、法国科学院院士。

吉尼奥在教唆同学进行揭发、告密时,同学们根本不愿做这件事,因为同学们从他的所作所为中已经看清了他的不良居心,所以没有人主动去告密。他看这一招不灵,就又换了一招,亲自找同学个别谈话,威逼学生必须要说出一条有关伽罗瓦的“罪状”才能作罢,并以毕业推荐来威胁、利诱学生。学生们从整治伽罗瓦的事件中已经深深地领教了他的毒辣!想到自己的未来掌握在他的手中,所以被逼无奈,只好按照他的要求去做。吉尼奥一看材料搜集得差不多了,就又生出一个毒招,逼迫学生们在他拟好的信上签名,这封信看上去像是学生们自发地写信给《学校公报》,就是上述刊登揭发他的那份报纸,来批判指摘伽罗瓦,用以肃清上一封信所造成的恶果,同时也把伽罗瓦的名声搞臭,使他的反抗无效。在吉尼奥的威逼之下,文学系的14名同学联名给《学校公报》寄去了指摘伽罗瓦的信。科学系的同学只附上几句冷漠而干巴的附信,算是交了差、过了关。这封信刊登在1830年12月12日的《学校公报》上,题名为“师范大学学生们的抗议书”,具体内容如下:

致《学校公报》编者

1830年12月10日

阁下：

并不是我们这些早就来到师范大学的学生们，应当对来自校外的对我们校长的攻击产生反应。因此，我们既不愿意与《学校公报》进行长期争论，也不愿意反驳您的毁谤；但是我们深为愤慨的是，你们之中有一个自命为整个师范大学的代表，并以我们的名义一口咬定他所想象的、虚假的、完全颠倒黑白的事实。对12月5日《学校公报》上所刊登的信，不论在内容上或形式上，我们都彻底地予以否定。我们无意赞同该信所表示的情感，我们趁此机会向吉尼奥先生表示我们的谢忱，因为在他的任期中，每当师范大学处于紧要关头时，他都以高尚的精神和坚定的态度来保护我们的利益。我们声明，由于吉尼奥先生，师范大学的学生才享有思想自由，而在别的地方，思想自由则到处受到摧残；同时，在7月的最后几天中，他对待我们一如往昔。我们呼吁师范大学的本届毕业生都来做证人，我们深信，他们将毅然表示要保卫自己以前的校长。阁下，我们希望，您既然那样急于接受我们之中的一个人指控，您也会接受所有其他人的抗议，而我们的这封信也将会在贵报最近一期上发表，而我们就无须采取其他正式的抗议手段了。

这篇抗议书中虽然没有明确说出伽罗瓦的名字，但在那些天里，伽罗瓦因为匿名信之事被强行赶出学校的消息已经传遍巴黎各个学校，所以一看报，人们就会明白那是在指控伽罗瓦，狡猾的吉尼奥既达到了自己的罪恶目的，又使学生们能够接受，真是一只老狐狸！

我们看了下面一段内容就会更加认清事实的真相及吉尼奥的丑恶行径。

在1830年12月12日的《学校公报》上，还刊登了这样一则由编者发布的消息：

> 我们刚刚获悉：师范大学校长不久以前实行某种惩罚。他召集全体学生，对每个人进行个别询问。他问："你是《学校公报》上刊登的那封信的作者吧？"前四个学生矢口否认。第五个听到这个问题的学生回答说："校长先生，我认为没有权力回答您的问题，因为那样就意味着参与告密我们的一位同学。"这充满高尚精神的态度，坚定的答复，使吉尼奥先生大为不快。

伽罗瓦看完这一期的《学校公报》后，心里思绪万千，各种滋味如同打翻的五味瓶难以言表。他痛苦，他委屈，他有说不尽的烦恼与悲伤！在这爱与恨交织着的复杂情感之中，最后他还是选择了舍弃自己而保全同学的决定，以超凡的大度与宽容去理解同学们，原谅同学们，尽显了一个革命青年的高尚风范。为了表明自己的心情，他向全体师范大学的同学们发出了一封公开信。信中除了表明他对同学们的理解之处，还一针见血地指出，同学们所做出的不明智之举是受人怂恿的。我们从这封信中可以体会到他敏锐而深刻的思想处处闪耀着光芒。下面是伽罗瓦写给同学们的那封信，刊登在 1830 年 12 月 30 日的《学校公报》上：

埃瓦里斯特·伽罗瓦致师范大学同学们

同学们：

《学校公报》曾发表了一封简单地署名为“师范大学一学生”的、谈到我们校长吉尼奥的匿名信。你们认为有责任对写信人在信中叙述的事实所做的解释提出抗议。

你们只是在吉尼奥根据单纯的怀疑，正如他本人所承认的，根据由来已久的成见把我当作是写这封信的人而开除出校之后才在这份抗议书上签字的。

不论是你们，还是我，都无法最后决定，吉尼奥是否有权这样做。但是，将我被开除的责任全部推到你们身上，你们是不应该容忍的。在我离校以后，你们居然表现出如此这般的兄弟情感，难怪吉尼奥就敢于宣称开除是根据你们的倡议而采取的了。不错，我由于被拒绝提供物质上的帮助而被迫离校之前，有人劝你们采取“正义行动”，尽管没有什么东西可以拆散我们之间的团结，但有人通过监视人赫伯劝你们反对我将来重返校门。你们拒绝了这种无耻的建议。同学们，不要停留在这一点上。我不为我个人要求任何东西，但你们凭你们的良心和人格所吩咐的而说话吧。你们已经推卸不了你们以为是写信人推到你们身上的责任。现在就请你们驳斥那种令人更难容忍的说法，如果沉默的话，那就会变成支持更有力的人的决定了。在大臣做出决定之前，我仍然是你们的同学，而且是终身忠实于你们的同志。

埃·伽罗瓦

在信的最后，我们看到伽罗瓦热烈而恳切地请求同学们能够站出来为他说句公道话，为他能继续回到学校读书出一把力，他多么希望同学们能帮助他，给他以最有力的支持，去和当时的学阀、学霸们斗争，还自己以清白与公道。但是，这热切的愿望没有得以实现。同学们非常同情伽罗瓦，但他们实在迫于校长的淫威而没有勇气挺身而出。伽罗瓦的希望破灭了，他只有单枪匹马地与恶势力作战。最后的结果可想而知，他一个人的微薄之力怎能斗得过那腐败黑暗的社会！

我们再来看一看吉尼奥的另一个“得意之作”，即他写给教育委员会大臣的信。就是这封信，注定了伽罗瓦此后的悲惨命运。信的全文如下：

大臣阁下：

我深感遗憾，不得不立即向您报告我迫不得已而擅自决定采取的一项措施，并请求您立即予以批准。

由于学生伽罗瓦的行为，我刚刚予以开除出校的处分，并把他遣返到他母亲的家；我荣幸地在本月3日的信里就他的行为奉告过您。正如他的许多同学的声明所表明的那样，在他妄图对学监于梅尔和我进行抵赖以后所做的蛮横无理的自白中，我坚信，从上星期日以来他的所做所为已引起全校的愤慨。这里所说的是指当天发表在《学校公报》上的那封信——我认为有必要报告这家报纸的名字——而这封信十分露骨地署名为“师范大学一学生”。凡是读过这封信并同我谈过这件事的人，都认为它非常严重地损害了学校的荣誉，因此我不能对它熟视无睹。但是学生们一开始就把揭露的主动权掌握在自己的手里。也许这使他们问心无愧，不过它既不能满足于正义的要求，也不能满足我本人的自尊心。

《学校公报》在今天的一期上否认这些揭露；另一方面，根据许多理由看来，我觉得这封信是伽罗瓦写的。我认为，全校不能再容忍这个人所犯的严重过失了，从发现罪犯的那一刻起，我们就不能跟他同住一个屋檐下。因此，我愿意自己承担责任把他开除出校，迟迟做出我在去年和今年初曾经20次想做而未做的事情。

事实上，伽罗瓦是个自从考进本校以来我就不断听到教师和学监埋怨的唯一的学生。但是，我因为器重他的不容置疑的数学才能，同时又不相信自己的印象——因为我有个人对他不满的根据——我容忍他的反复无常的行为，容忍他的懒散和不能容人的性格，希望纵使不能改变他的性格，哪怕让他有可能读完两年课程也好，这样可使大学不至于失去它对这个学生所应期待的东西，同时又不至于使他的母亲痛苦；据我们所知，她是不得不考虑自己儿子的未来的。我的一切尝试全是徒劳无益的，反而自讨一场没趣。从上星期日以来，我就确信，他是无可救药的了。也许这个青年早已没有道德基础。

大臣阁下，并非我个人因为受到《学校公报》的侮辱才要求采取措施结束这份报纸每天在大学的心脏表演危险的把戏。但是，既然我领导着第一所高等学府，那就该让我对旨在分化师生并到处传播不信任和纠纷的公开阴谋表示遗憾。师范大学用不着害怕这种卑鄙的攻击，因为现有情况鲜明地显示出了在这里学习的青年们具有洁白无瑕的精神状态；学生们举止坚定、谨慎、有方寸；我替他们负责，他们也替我负责。但是，在我们当中一发生就被清除出去的祸害正在向其他学校传播，这些学校是不受年龄和教育抵制的。对于这种悲惨的后果，我们已经是有目共睹的了。大臣阁下，我快要写完了。我所谈到的破坏社会秩序的行为，不可能逃过您的注意。毫无疑问，不久，人们将依样采取旨在恢复纪律的措施；也就是我们有权期待大学的主要领导人采取的、否则无法进行教学的措施；就我们而言，它是工作必不可少的条件，正如秩序是自由必不可少的条件一样……

师范大学校长　吉尼奥

前面我们知道了吉尼奥所搞的一系列阴谋诡计,再来看他给教育大臣的信,真是义愤填膺,他的狡猾、狠毒、抵赖与诬陷的功夫已经达到了炉火纯青的地步,没人能比得上。为了要把伽罗瓦开除出校,他无中生有地罗列了伽罗瓦的一系列“罪行”,把伽罗瓦形容成道德败坏、无可救药的“害群之马”。而把自己打扮成宽容大度、慈悲为怀的“君子”,为拯救伽罗瓦而不论个人恩怨,器重伽罗瓦的超人才能,为伽罗瓦能读完大学做了一切努力,而且考虑到开除会给伽罗瓦的母亲所造成的痛苦,真可谓做到了“仁至义尽”。而事实却恰恰相反,这一点即使在他粉饰再三地给大臣的信中也不时地露出马脚。比如他 20 次想做而未做的事,就是要把伽罗瓦开除。这足以说明他早已把伽罗瓦当作眼中钉、肉中刺,在没有任何政治背景下,伽罗瓦已经使他恨之入骨,任何一举一动他都看不惯,就是想开除他,仅仅是没有正当理由而已,这一次终于可以望风捕影地找到了借口,岂能放过!要知道,伽罗瓦这时刚满 19 岁,对于吉尼奥而言,伽罗瓦还是一个孩子,在一个孩子身上他竟然如此心狠手辣,真是可恶至极。尤其他扼杀的是一个数学奇才,他仍然毫不留情,真可谓千古罪人!

伽罗瓦被赶出学校期间并没有停止战斗,他向各界发出呼吁,强烈谴责吉尼奥等人滥用职权,并写信给教育委员会的大臣们,控告吉尼奥和库申的迫害及罪行,申诉自己的无辜及由于他们的迫害而被迫停学的状况,请求大臣们予以保护,纠正吉尼奥的错误决定,恢复他上学的权利,并应对吉尼奥之类予以惩治。

伽罗瓦所在的人民之友协会也为伽罗瓦做了大量的宣传活动,他们投书于巴黎的各大报纸,并在各大学内进行宣传,积极支持伽罗瓦为争取读书所采取的革命行动。1830 年 12 月 12 日在《宪法报》上刊登了一则新闻,支持伽罗瓦控告吉尼奥,并呼吁国民教育大臣应秉公办事,不要偏信于吉尼奥而毁灭了一个天才。新闻的大意如下:

> 我们认为有责任提请教育大臣阁下注意一次滥用职权的事例,师范大学一个最有才华的学生竟成了滥用职权的牺牲品。不久以前,在一家报纸上可以读到一封署

名为“该校一学生”的信，他在信中批评了该校校长在七月事件期间的行为。我们且撇开这封信究竟有多大根据的问题不谈，但是我们惊悉：该校校长指责我们所提到的那位学生是写这封信的罪人，不经进一步的审查就禁止他来校上课。

这位年轻人恳求大臣庇护无效，因而被迫辍学。我们希望，善于明辨是非的美利鲁先生一定会把这桩案件了解清楚。

一个月来，伽罗瓦的努力、人民之友协会的努力、社会各界的努力，都没有动摇教育大臣开除伽罗瓦的决定，灾难的一天终于来到了。1831 年 1 月 8 日，皇家国民教育委员会批准了开除伽罗瓦学籍的处分决定：

“根据库申顾问先生有关暂时开除伽罗瓦的报告，并注意到师范大学校长说明采取该项措施的原因的报告，兹决定：

立即将伽罗瓦开除师范大学，以儆效

尤。

有关他今后前途的决定，容后另行议处。”

为什么动摇不了教育大臣的决定呢？因为库申就是有权做出决定的人！皇家教育委员会的公告就是由库申起草的。这样，一切都水落石出了，库申只不过是借用教育委员会的名义来实现自己的意愿罢了。库申是法国唯心主义哲学家，是折中主义学派的创始人，是当时非常有影响的哲学派别的领袖。那么，库申为什么也这么痛恨伽罗瓦呢？

原来库申和吉尼奥是多年的好朋友，他们有着共同的思想基础，共同的政治观点，共同的想不顾一切往上爬的追求；他们有着共同的身世，共同的性格及为排除异己而心狠手辣的招数。他们在七月革命以前都曾是查理十世的走狗。而现在，七月革命胜利了，他们又无条件地投靠了以路易·菲利浦为首的七月王朝，在菲利浦手下做了驯良温顺的奴仆，为新政府竭尽全力，以保全自己在七月革命前所具有的官职，同时想创造条件取得信任，伺机谋取更高的官职与更多的荣誉。

库申比吉尼奥发迹得早，官衔也高。他现在不仅是师范大学的学术委员、世界著名的巴黎大学索尔奔纳学院的教授，而且是皇家国民教育委员会的顾问、法兰西的贵族、国家特约顾问、法国科学院和道德政治科学院的院士。这些头衔足以说明，他是当时统治法国科学界的少数几个学术权威之一，属科学界的学阀。他的显赫地位与受人敬畏是毋庸置疑的。如此显赫的地位要想开除一个师范大学的学生不是易如反掌的事吗？只要他想做，是任何人都无法阻拦的。对于库申其人的评价，法国著名小说家司汤达在他所写的《吕先·勒旺》一书中，曾以寥寥数笔，却一针见血地指出了库申此人的特征，说他是"……具有高贵思想而又居心狠毒的 1829 年型的自由主义者，他身居要职，每年可以从中获得 4 万法郎的收入，而他认为共和派是人类的耻辱……"

吉尼奥是以库申为靠山的。他崇拜库申的地位和名誉，自己也暗下决心要成为库申那样的人，而他是个愚蠢浅薄的人，没有什么实际本领能达到自己的目的，只有靠上库申这棵大树，靠他在教育委员会的提携，自己才能有机会升官。他亦步亦趋地这样做着，他的目的也在一步一步地实现，当时已经是师范大学的校长，而且取得了索尔奔纳学院教授的头衔。

伽罗瓦是一个个性鲜明、具有反叛精神的青年，针对学校修道院式的教育和陈旧不堪的教学方法多次提出建议，并多次与校方交涉，希望能予以改善，但吉尼奥和库申就是靠这些规矩来控制学生，把他们变成为统治阶级服务的驯服工具。出了伽罗瓦这么一个反叛分子，他们不仅感到恐慌，更是愤恨与不能容忍，他们认为这简直是太岁头上动土，胆大包天，而他们认为更可恨的是伽罗瓦在政治观点上也站到了他们的对立面，他们是坚决反对、鄙视共和党人的，伽罗瓦恰恰加入了共和党中的先进派别人民之友协会。一个学生参与政治党派，在他们看来已经是不务正业，更何况政治观点上的势不两立。所以，他们合伙将伽罗瓦开除出校就不足为奇了。伽罗瓦年仅 19 岁，面对强大的当权者，他岂是他们的对手，只能落得了个被开除的下场，而这却给这位青年带来了灾难性的打击。伽罗瓦失去了学习的机会，没有了生活来源,他被赶回家后,使得他的数学学习和研究受到了极大的阻碍。

一封匿名信的风波过去了,而伽罗瓦却被搞得遍体鳞伤！最后以保守势力取得胜利和伽罗瓦抗争失败而告终。

10. 最黑暗的日子

1831 年 1 月 8 日,这是个最黑暗的日子,伽罗瓦在母亲家里收到了校方的通知,他被开除了,这一打击对他来说是致命的。尽管,这一个月来他已在思想上有所准备,想到了这最坏的结果,但是当它真正到来的时候,还是不免感到震惊和不能接受。母亲看到自己心爱的儿子遭受到如此重大的打击而痛苦万分,她在儿子身上倾注了全部的心血与期望,儿子也没有辜负她的期望,仅 19 岁就完全显现出数学家的奇才,她很欣慰、很高兴,也为有这样的儿子而骄傲,她曾不止一次地感谢上帝,为她带来了好丈夫、好家庭、好儿子！不想,风云突变,丈夫因受天主教徒的诽谤，被迫害致死，丈夫的去世使她家道落破，没有足够的经济实力供儿子读最好的学校；儿子本来完全有实力考入最好的学校，却因主考官的刁难而意外地落榜。这接连的灾难已使她的心灵受到了沉重的打击，但是她没有向灾难低头，为了孩子的生活与成长，她坚强地生活着，成为孩子们的精神支柱和力量源泉，她继续履行着母亲的义务，同时又承担着做父亲的责任，她把所有的期望寄托在伽罗瓦身上，因为这是她最值得骄傲的一个孩子，也应该是最有前途的一个孩子，原本指望伽罗瓦师范大学毕业后能够在事业上有大的发展，同时也能有一份稳定的工作以贴补家用，可万万没想到，在伽罗瓦还有半年就可以毕业的时候，噩运又一次降临到她的头上，她那早已不堪重负的肩头被这一沉重的打击压垮了，她呆呆地坐在沙发上一动不动，她的脑子一阵一阵地发晕，她的心在一滴一滴地渗着鲜血，眼前一片漆黑，终于支持不住，昏倒在沙发上。

伽罗瓦看到母亲这般痛苦的情景，犹如万箭穿心，他跪倒在沙发前，扑向妈妈，大声地呼喊着："妈妈！妈妈！您醒醒啊！是儿子不好，是儿子不争气惹您生气了，是儿子辜负了您的期望，妈妈，您一定要醒过来呀！”弟弟亚耳费勒也扑到妈妈的怀里，痛不欲生地呼喊着妈妈，请求妈妈快快睁开眼睛，因为他的生活里不能没有妈妈……孩子们的呼唤震撼了母亲，她渐渐地清醒过来，把孩子们搂在怀中，一年多来强忍着的泪水一下子涌了出来，三人抱头痛哭，母亲高喊着：“主啊！这究竟是为什么，为什么啊？我如此虔诚的心竟遭到这接二连三的噩运！这该如何解释，如何抚平我受伤的心？”伽罗瓦这时站了起来，他扶母亲坐好，对母亲说：“妈妈，上帝是救不了我们的，天主也无法保佑我们，想想这些灾难是由什么引起的，不就很清楚了吗？给我们带来灾难的不是别的什么，而是这腐朽的社会以及这社会所豢养的走狗，要想解除我们的苦难，就得毫不留情地和他们进行斗争才能有出头之日。妈妈，您一向坚强自信，这一次也应该更加坚强地站起来，无论前面还有什么灾难在等着我们，我们都应该有勇气面对，自强不息地生活下去！”母亲听了儿子的这番话，心里平静多了，她吃惊地发现，儿子成熟了！这使她苦难的心中平添了一丝慰藉。她答应儿子一定会坚强地生活下去。

夜，降临了，那天的夜晚显得格外清冷与黑暗，窗外看不见一丝月光，没有风声，没有光亮，死一般地寂静，如果没有偶尔开过来的汽车车灯发出的光亮，人们会以为是在天穹中。

伽罗瓦躺在床上一动不动，一个月来动荡不安的心情，奔走疲劳的生活，奋斗抗争的激愤与不能再坏的结果，一股脑儿地涌了上来，他精疲力竭、心力交悴。现实已经把他折磨得千疮百孔，他无可奈何地躺着，泪水默默地滴落在枕边。渐渐地，疲惫把他带入了朦胧之中……梦幻中他见到了父亲，父亲微笑着向他走来，抚摸着他的头说："孩子，坚强些，人生会遇到许多的苦难与不幸，我们应该勇敢地去面对它，想出好的办法去解决它。一味地痛苦与怨恨是解决不了问题的。你要吸取爸爸的教训，爸爸就是因为遇到诽谤而一筹莫展才做出了愚蠢的事情，离你们而去，结果不但在心灵上没有得到安慰，即使在天国也怀着极大的不安，而且给你的妈妈和你们增添了无数的苦难和烦恼，你应该弥补爸爸的过失，替爸爸减轻妈妈的负担，做一个勇敢而理性的人，你一定会做到的，也一定会成功！阿门……”眼看着爸爸的离去，他马上喊道：“爸爸，您不要走，告诉我应该怎样做才能摆脱困难，我能做些什么……”他一边喊一边追着，可爸爸还是消失在茫茫的天际。

他的喊声惊动了妈妈，妈妈抚摸着他的头把他叫醒，醒来后妈妈说：“你见到了爸爸，是吗？”伽罗瓦偎依在妈妈的身边，把梦中的经过讲给妈妈听。妈妈沉思了片刻，对伽罗瓦说：“我们都应该像你爸爸说的那样去做。”妈妈安慰了伽罗瓦之后，就回去睡下了。而伽罗瓦再也睡不着了，他在思索着，怎样才能改变现在的困境，扭转残局，变被动为主动呢？思来想去，他想出了两个办法：第一，要积极地投入到革命组织的各项政治斗争中去，用自己的工作去唤起更多的人民认清官僚贵族阶级及大资产阶级的腐败与反动，把自己的恩仇化成推翻反动阶级的力量，在政治斗争中发热、发光，为反动阶级的早日消亡，为广大民众早日摆脱他们的统治，为建立一个和平、民主、博爱的美好国家而奋斗。第二，要想办法赚钱养活自己，不能再给妈妈增添更大的负担。他想出了一条妙计，就是发挥自己的特长，办数学讲习班。

这样既可以传授知识，又可以赚钱糊口，真是个好主意。说干就干，伽罗瓦立即起身拟稿，准备在《学校公报》上刊登招生广告。写好了稿，他悄悄地洗漱完毕，给妈妈留下一张便条，便匆匆离开了家，搭乘早班车奔向巴黎。从此，他要在社会大课堂里锻炼成长。

第四章 社会大课堂的风雨考验

1. 年轻的教书先生

在1831年1月9日《学校公报》上刊登了这样一则新闻,这是一个奇特的声明:

"1月18日(星期四),伽罗瓦先生将讲授高等代数。以后每逢星期四下午1时15分,将在索尔奔纳第5号,凯洛特小书铺进行讲课。该讲座以不满足专科学校所讲授的代数而希望深造者为对象。讲座将向听众介绍不曾公开教授过的若干理论。其中某些理论是完全独创的。只需列举新虚数论、用根式求解的方程论、数论和用素代数研究的椭圆函数论,便足以窥见全貌。”

这个声明公布后,全巴黎的学术界为之轰动。学者们为年仅 19 岁的青年伽罗瓦的这一举动而震惊,他的大胆而坚强的个性令人钦佩。世界上还没有任何一个科学家肯向广大听众阐述自己新颖而独创的思想借以谋生。他的这种做法本身就是一种大胆的独创。伽罗瓦真是一位打不倒的勇士、熄不灭的火种,不论在任何时候、任何环境下,都是充满着创造精神与灵感的天才。他的亲人和朋友们为他感到骄傲和自豪,而他的敌人们则被他的勇猛吓得胆战心惊,惶惶不可终日。

讲习班如期举行了,1 月 18 日下午,小书铺里热闹非凡,30 多位来听课的人聚在书铺后面的一间厅堂内,他们是来自巴黎各学校喜爱数学也敬佩伽罗瓦的人。伽罗瓦的第一课是从求解代数方程开始的。解代数方程的问题是长期以来数学家们十分关注和感兴趣的一个很重要的问题。它的实际问题早已提出，但解决问题的理论和方法却始终没有突破，总是在原来水平上进行研究。伽罗瓦在这一研究上做出了革命性的贡献，他从研究方程根的特征出发，从理论上来确定这些根的某些特性，同时他还发明了研究方程根的新方法，这就是利用“群论”来解代数方程。这种方法不是拘泥于研究方程的本身，而是研究方程的“家族”。

在讲习班上，伽罗瓦把自己的心得体会、研究成果、应用实例等毫无保留地讲给学生们听，他详细地讲解着，不断地举例说明自己所提出的论点，并一一加以证明，他全身心地投入到讲课之中，觉得自己有责任把数学中新的思想和方法传授给同学们，并通过他们发扬光大。可是他在讲课过程中，却发现来听课的人似乎并没有和他产生共鸣，他们的反应是冷淡的。课间休息的时候，伽罗瓦询问听讲的同学们，发现他们几乎没有听懂他的讲课，原因是他们所拥有的数学基础知识与伽罗瓦在讲课中所需要的数学知识相差很远，以至于他们听不懂伽罗瓦所讲的数学理论，更不要说去理解伽罗瓦所使用的数学思想和方法了。这一反馈信息无疑使伽罗瓦很扫兴、很失望,他满腔热情的投入所换来的却是无法响应的事实。

由于听课的人很难接受和理解伽罗瓦所讲授的各种数学理论,所以来听课的人越来越少,开了几次课后,这个讲习班只好停办了。伽罗瓦做教师的生涯也就此结束了。

从此以后,伽罗瓦以更多的时间投入到了政治活动之中。

2. 勇敢的祝酒词

伽罗瓦在参加共和党的激进派——人民之友协会的同时,报名参加了国民自卫军。这是 1830 年 11 月的事。在国民自卫军中,他被分配到了炮兵队,炮兵队共有四个连,在这四个炮兵连中有两个炮兵连完全是由共和党人组成的。伽罗瓦就被编排在这两个连中。法国的国民自卫军如同我们国家的民兵组织,或叫作预备役部队,平时各自在自己的工作岗位上工作和学习,自卫军定时组织一些训练和演习,待到战时或国家需要之时就集中起来，作为军队的一部分投入战斗。

伽罗瓦在国民自卫军中感到非常光荣和自豪，他觉得自己是一名战士，能在国家和人民最需要的时候为之战斗。他不再是单枪匹马，而是在一个战斗的集体中冲锋陷阵，心中充满了勇气和力量。特别是他在共和党人组织的炮兵连中服役，这更使他感到亲切、温暖，心灵备受慰藉，在同志们中间他才稍微接触到这个社会给他带来的一点暖意，才有一丝社会是个大家庭的感觉。不幸的是，这个组织很快就被政府下令解散了。

1830 年 7 月的革命开始，共和党人就在政治舞台上崭露头角，但那时候他们还没有形成一种政治势力，还无法影响政局和国家的形势。随着七月革命的胜利，路易·菲利浦篡夺了革命的胜利果实后，国家政权又逐渐被贵族和大资产阶级所掌握。菲利浦政府的对外政策是勾结各邻国政府的反动势力，镇压各国人民的革命，蹂躏各民族的利益，对内政策是推行王权和维护大资产阶级的利益，实行反动的资产阶级专政而与人民的利益背道而驰。共和党是由爱国人士组成的团体，他们主张对内实行公民自由、民主，对外互相尊重国家主权和支持各国人民的革命斗争。共和党的主张越来越深得民心，共和党人的队伍也逐渐壮大起来，到1830年11月已经发展成为一股不可忽视的政治力量。人们对现政府的不满情绪越来越激烈，同时也把再一次进行革命，推翻现政府的希望寄托在共和党人的身上。这时，路易·菲利浦集团开始惶恐不安，他们意识到必须要采取行动来反对共和党，不能让共和党的势力再继续扩大。于是，他们首先在报刊上开始了反对共和派的行动，然后派警察对共和党人最积极、最核心的人物进行监视，并利用内奸对共和党内部进行挑拨离间的活动，这些行为使得共和党的势力受到一定的削弱和打击。但在人民的信任和支持下，它的力量也是不可低估的。在12月末，政府为了进一步削弱共和党的力量，借口改组军队而下令解散国民自卫军，收缴国民自卫军的军服和武装。国民自卫军的全体官兵们提出了强烈抗议，但无济于事，最终还是被政府解散了。其中有两个营拒绝解除武装，这里就有由共和党人组成的那两个炮兵连，战士们联合起来，坚决抵抗政府的无理命令，绝不交出自己的枪支和军服。路易·菲利浦政府恼羞成怒，他们派军队和警察进行镇压，逼迫这两个营的战士们解除武装，在冲突中有19名炮兵连的战士被捕入狱。至此，共和党人的力量遭到了大大的削弱，一些行动不得不转入地下，斗争也更加严峻和残酷了。

1831年4月初，巴黎塞纳省法院开庭对国民自卫军中19位被捕的炮手提出诉讼。在陪审庭前，19位青年中的16位出席了诉讼会。当局害怕引起骚乱，提前做好了严密的布置，在审判庭里，由当局安排的上流社会的青年们挤满厢座，学生和工人们只好挤在大厅的门边，走廊已被市政警卫队全部占据把守着，他们荷枪实弹，戒备森严。在辩护律师的陪同下，16位炮手走进大厅。当他们出现在大厅时，全场顿时响起了热烈的掌声和欢呼声，人们为这些战士们的壮烈之举而欢呼，这也是有史以来审判庭中从未有过的场面。审判长经过长时间的“镇静”的呼吁后，方才渐渐地静了下来，这时审判长宣布诉讼开始。

这次诉讼会变成了共和党人和青年战士们唤起

民众、宣传党的主张的大好机会，面对法庭，他们毫不畏惧，慷慨陈词，揭露现政府背叛七月革命原则的种种罪行，揭露大城市平民生活中骇人听闻的贫困现象，指出人们生活在水深火热之中，在艰难困苦之中煎熬，表达出人民要革命、要民主、要消灭剥削的心声。共和党人的领导者之一，在此作为证人的戈德弗罗阿·卡芬雅克，在会上大力宣传共和党的纲领，他大声疾呼："传播共和思想的事业无须秘密活动，因为革命是全民族的事业，只有剥削人民的人除外；这是我们祖国的事业，它正履行着民意所赋予它的解放使命；这是向人类克尽己责的法兰西事业。至于我们，先生们，我们是革命的奴仆。我们时刻响应着革命的号召。"

在共和党人的宣传声中，人们的欢呼声也此起彼伏，群情激昂，民心振奋，在场的工人、学生们感到痛快、开心，字字句句都说到了他们的心里，说出了他们的心声。

这项诉讼，青年炮手们被指控为密谋推翻现政权。这一指控在律师们的辩护下很轻易地被证明是无中生有。这里应当指出的是，律师们也都是共和党人。法官们在人民群众的感染下，在律师们的有力辩护下，又因为这一指控确实毫无根据，所以宣布，被告19位青年全部无罪释放。

消息传出后，人们纷纷走上街头，欢呼雀跃，奔走相告，大家共同分享着胜利的喜悦。人们不敢在街头集会庆祝，所以，当天晚上纷纷在家里庆祝这一胜利。走在街上，人们可以看到在巴黎的许多房屋中都闪耀着节日的彩灯，荡漾着人们的欢笑声。

这是共和党被政府公开反对以来所取得的第一个大胜利。为了庆祝这一胜利，人民之友协会于5月9日在巴黎市郊坦普尔的布尔根饭店举行了一场盛大的宴会。法国著名作家大仲马也是共和党人，而且是人民之友协会中央理事会的成员，当天晚上他在荣誉席上就座。宴会邀请了200名宾客，伽罗瓦是被邀请者之一。应邀参加宴会的还有法国著名的政治家马拉斯特和作家腊斯拜。这次胜利后，当局对共和党人的行动监视得更加严密了，宴会中，饭店内外均有警察在活动，为了避免被当局抓到把柄，以免和警察发生冲突，根据斗争需要，举杯祝词都是预先准备好的，并在宴会前就已规定，与会者不发表任何演说。宴会的这种安排,使得一群最年青的共和党人感到不可理解,他们不满意这样的安排,他们被这次胜利鼓舞着,热情奔放,一心想在这次聚会上好好地庆祝一番、畅谈一番,一吐这些日子带给他们的压抑与不快,他们认为组织者和共和党的领导人胆小怕事,对共和党领袖们敷衍含混的祝酒词和宴会不准讲演的规定感到愤慨。在宴会快结束时,在这些不满意者中间有一个人突然站了起来,他一手举杯,一手持刀,即席致辞说道:"为路易·菲利浦干杯!"他只说了这么一句,这个人就是埃瓦里斯特·伽罗瓦。这是一句反话,有的人听明白了,有的人没有理解,大多数在场的人对伽罗瓦的这一举动报以热烈的掌声,因为他们知道伽罗瓦说此话的寓意,尤其是他手中的刀,更表明了他的心迹。这一句勇敢的祝酒词可闯了大祸,会场上顿时乱了起来,警察们闻风而动,共和党的领袖们吓坏了,草草宣布宴会结束,便各奔东西,大仲马也唯恐自己受连累,带着他的一个朋友,也顾不得斯文和身份,跳窗落荒而逃。宴会不欢而散,为了躲避警察的追捕,大家纷纷撤离会场。

伽罗瓦也在众人的护卫下离开布尔根饭店回到母亲的家中。母亲在家中一直焦急地等待着儿子，看到儿子平安地回来，心里就宽慰了许多，叮嘱儿子早些休息后，自己就去睡觉了。一夜无话，这一夜幸福、平安地过去了，可母亲哪里知道，这恰是暴风雨来临前的宁静。第二天一早，早饭还没有做好，就传来了急促的敲门声，母亲顿时紧张起来，她赶紧放下手中的器具，机警地听着，这时敲门声更加急促而猛烈了。母亲预感到这是不祥之兆，联想到儿子昨晚回来时那紧张激动的表情，已经猜出十有八九是儿子又在外面闯祸了，她的心一下子沉了下来，她正想通知儿子赶快躲避一下之际，伽罗瓦已从楼上走了下来，从容地去开门迎候那些警察。母亲面对这一场面，顿时木然了。警察们闯了进来，在核实了是伽罗瓦本人后就掏出了逮捕证，告知伽罗瓦已经被捕。这时，母亲才从木然中惊醒过来，不顾一切地扑向儿子，她决不允许警察把儿子带走，他才 19 岁，还是个孩子，可是遭受到的痛苦与不幸已经太多太多了，出于母爱的本能她要全力保护儿子，使他不再遭受打击和折磨。警察们看到这一场面，心里也非常感动，看到伽罗瓦也确实仅是个孩子而已，但上面的命令不可违抗，人是一定要带走的。警察劝慰着母亲，保证一路上绝不会虐待伽罗瓦，而且答应破例不给伽罗瓦戴手铐，母亲稍微镇静了下来。伽罗瓦安慰着母亲，告诉母亲他所从事的是正义的事业，是代表人民的意志而履行自己义务的事业，是为达到父亲和母亲一直向往的理想社会而努力奋斗的事业，为此入狱他觉得很值得，因为革命是需要付出代价的。这时母亲也渐渐地恢复了平静，她为儿子端来早餐，然后吻别了儿子。伽罗瓦在警察的押送下被送进了圣佩拉吉监狱。

3. 法庭上的宣言

1831 年 6 月 15 日，在巴黎塞纳省陪审法庭的被告席上，坐着一位身体柔弱，但精神饱满而充满自信的少年，他就是伽罗瓦。伽罗瓦被指控“教唆谋害法兰西国王人身和生命未遂罪”。

在这以前的一个案件审理过程中，法庭上出现了骚乱。今天为了避免这一场面再次出现，法庭内外戒备森严，到处有警察把守着，法庭的听众席上空着近一半的座位，连记者和一些公务人员也严格控制他们进入会场。

伽罗瓦在被告席上显得镇定自若，他不时地利用庭长允许他回答问题的机会抨击国王菲利浦和当局。对于指控他的罪名，他根本不在乎，并直截了当地说："如果我(当时)干脆提议为路易·菲利浦的死亡干杯，你们当然会感到更加高兴了！"他在法庭上公开表示，在思想上他是跟这一个月中到陪审法庭受审的全体爱国者在一起的，因此法庭完全可以把他和他们同样治罪。他为自己能做一名爱国者站在法庭上而感到自豪。在法庭上他激昂慷慨地说："……你们都是小孩！你们把我们的头放到断头台上，可是你们没有力气把斧头砍下去。""我们也是小孩，但是我们精力充沛，勇往直前，共和主义者的灵魂是淤泥污染不了的……"

读到这里，人们一定很想知道审判现场的实际情况。为了更切实地感受伽罗瓦的大无畏精神和他独特的斗争风格，以及当时斗争的实际背景，让我们共同走进那一幕，去领略那惊心动魄的一刻，从中我们还可以了解到其他许多信息。这一珍贵史料当时被法国《辩论杂志》刊登（无关紧要处略有删节）。

埃瓦里斯特·伽罗瓦的诉讼案

摘自1831年7月6日《辩论杂志》。

塞纳省陪审法庭。《布尔根饭店》案件，指控教唆谋害法国国王人身和生命未遂罪。

在星期六发生了不可容忍的破坏秩序的事件后，已经采取措施来防止外人进入会议厅。证人席上和律师附近几乎全无旁听者。

被告自称：埃瓦里斯特·伽罗瓦，20岁，私人讲授数学课，生于布尔－拉－林；辩护律师是窦本。

检察官起诉书申诉如下：

今年5月9日，在坦普尔郊区布尔根饭店有200人集会，庆祝特雷拉·卡芬雅克等人被宣判无罪。晚会在窗朝花园的底层大厅举行。与会者不断举杯致辞，粗鲁地抨击政府；为1793年的革命、为山岳派、为罗伯斯庇尔干杯。但为1789年和1830年的革命举杯祝酒都被拒绝了。（注：山岳派为法国资产阶级革命时期最激进的政党；罗伯斯庇尔是法国资产阶级革命的杰出活动家，是雅各宾派专政的革命政府首脑。）

一个身着国民自卫军炮兵制服的与会者举杯提议："为1831年的太阳干杯！愿它像1830年那样炽热，但不要那样使人眼花！"发言人姓名不明。每次举杯都夹杂着呼声："共和国万岁！山岳派万岁！国民公会万岁！"同时也高喊："打倒路易·菲利浦！"

正当晚会热烈进行之时，埃瓦里斯特·伽罗瓦站了起来——据他自己承认——手持匕首，说道："为路易·菲利浦干杯。"他重复举杯说了两次。有几个人也模仿他，举手喊道："为路易·菲利浦干杯！"有时有口哨声。这次祝酒的可怕意义引起了一些人的愤慨，另有一些人，伽罗瓦说，以为他真的是在提议为法国国王的健康干杯。然而，可以确切断定：许多应邀参加晚会的人对所发生的事情大声表示不赞成。

伽罗瓦的匕首是在5月初向制刀匠昂利订购的。他急于要得到匕首，说是他即将外出旅行。

法庭庭长南丁开始讯问。被告当即承认，他确曾出席了那次有200人参加的集会。

问：这次举行集会的动机是什么？

答：因为炮手们被宣判无罪，主要的是，腊斯拜拒绝了荣誉军团的十字勋章。

问：你当时坐在哪里？

答：在大厅中央，主席左边。

问：你们当时举杯说了些什么？

答：为1793年的革命，为罗伯斯庇尔干杯。其余的现在记不清了。

问：谁提议"为1831年的太阳干杯"？

答:我不能说。我不知道。

问:在这以后,是不是响起了叫喊声:“快点,快点!”

答:是的,先生。

问:谁喊的?

答:大家都喊。

问:是不是还提议为国民议会和山岳派干杯?

答:是的,先生。但这并不比为1793年的革命和为罗伯斯庇尔干杯来得次数更多。

问:你是不是说过这样的话:“为路易·菲利浦干杯”,同时掏出藏在衣襟下面的匕首?

答:情况确实如此。我有一把餐用的刀子。我举起这把刀,说:“为路易·菲利浦干杯,要是他背叛的话。”后半句话只有我邻座的几个人听见。其余的人因为只听清楚前半句话,以为我是在提议为路易·菲利浦的健康干杯,就吹起口哨来。

问:这样说来,你认为在这个集会上为国王陛下的健康干杯是有点不妥当吗?

答:当然。

问:那么,简单而明确地提议为法国国王路易·菲利浦干杯就引起与会者的指责吗?

答:是的,先生。

问:这就是说,你为了不让路易·菲利浦成为背叛者,才用刀威胁他吗?

答:是的,先生。

问:你是不是用这种方式表达你个人的这种意见,即法国国王理应吃上一刀,或者,你是竭力想鼓动某一个人采取这类行动?

答:只有当路易·菲利浦成为背叛者,也就是越出法律的范围,企图加强对人民的剥削时,我才想鼓动人们采取这样行动。

问:是什么使你认为国王陛下可能违法乱纪?

答:一切都促使我想到有这种可能性。

问:请解释一下,你这是指什么而言?

答:我想说的是,政府的行动不难使人认为,有朝一日,路易·菲利浦可能背叛。

问:那么,政府的行动使你认为,法国国王陛下有朝一日可能背叛国家吗?

答:我并不断言路易·菲利浦一定会背叛国家。但是我有根据认为,他可能这样做。他并没有提供充分的保证,能使我们免掉这种怀疑。

问:这就是说,你认为在国王的思想和意念中,有恶意的企图吗?

答:是的,庭长先生。

问:你很懂得向你提出的问题吗?你是在用自己的回答故意污辱法国国王陛下。

答:我简单地说"是的",但说得不够清楚。我要说的是,国王的一举一动,虽然还没有证明他的不当,但使人怀疑他是否正直无私。例如,他的登基是预先策划的。

窦本(伽罗瓦的辩护律师):为了被告

和整个案件的利益，我只能指出一点，有关被告个人的感情问题，可能把审理引导既不能使法院、陪审员感到愉快，也不能使任何人感到愉快的方面去。如果问被告，政府的哪些命令和行动使得他怀疑国王陛下的善良意图，庭长先生就是迫使辩护人做出他认为不适宜的解释。例如，在国王陛下登基之前，曾经发生过一些事件，连我自己也能说出这些事件的十分有趣的细节来。不过，我觉得不必扯得这么远。

庭长：律师并不处于被告席上。同时，我并不要求他讲述他的当事人的意图。话又说回来，如果对被告的讯问进行得不够仔细，检察官可以对此进行上诉。

副检察官米勒尔：庭长当然应该主持审理。不过，如果允许我表示什么愿望的话，我完全同意辩护人的意见，即不应该从这方面进行审理。

窦本：这样一来，所有人都会有好处，特别是这里所暗示的人。

庭长(对被告):从什么时候起你就随身带着这把刀?

伽罗瓦:从5月7日起。宴会是在9日举行的。这不过是我的癖好。法国医生们去照料波兰的伤员时随身带的刀子跟我的刀子相像。当时我得不到这种刀子。一遇到合适的机会,我就订购了一把。

陪审员杜克罗:这种形状的刀子在市场上经常可以看见。去年我自己也有一把刀子像……

庭长:诸位陪审员先生都很清楚,陪审员不能以证人身份参与审理。

有人将一把跟被告订购的相同的刀子放在被告面前的桌子上。

伽罗瓦:这确实是这个诉讼案中的非常重要的事情!共和政体主义者在布尔根饭店集会时,就用这种刀子来切鸡肉和火鸡。

庭长:这么说来,其他应邀与会的人也有这种刀子?

伽罗瓦:他们只使用我的。

……

这时门外发生了骚乱。有几家报馆的采访员,因为服务员不准他们进入法庭,他们就大声要求庭长取消他的决定。

庭长准许一些能够证明自己职业的采访员入庭。

听众之一:法庭有一半座位还空着。

米勒尔:不要以为,今天还像前几天那样,可以靠近法庭审判的座位。

庭长(对被告):这么说来,你承认自己犯煽动罪,这种煽动是具有象征性的?

伽罗瓦:如果我干脆提议为路易·菲利浦的死亡干杯,你们当然会感到更加高兴了!

庭长:你大大侮辱了这里在场的人,尽管你不知道他们的意图。

伽罗瓦:我认为我知道得很清楚。

(下面是饭店侍从、老板等人只言片语的一些证词,这里从略。)

作家古斯塔夫·德罗伊诺被传出庭作证,他穿着黑色燕尾服。他的外表引起人们极大的兴趣。出席者记得,法院侦查员已经因他拒绝作证判他200法郎罚款,他说明拒绝作证的理由是:根据法律,不能要求提供有关发生在友好宴会上的事情的情报。

庭长:请举起右手。

德罗伊诺:我不想宣誓,你从侦察笔录中应当知道,我觉得自己既没有义务,也不愿意宣扬发生在私人宴会上的任何事情。我决不想侮辱司法,但我认为有权不回答有关本案的任何问题。

庭长:我正告你,在司法面前,每个人都必须就他被问的任何事实提供证词,除非由于自己职业的关系,被讯问者才可以不提供按法律必须保密的情况。

德罗伊诺:这次情况特殊。我不能供述在节日的友好气氛中发生的事情。

庭长:你坚持不能提供证词?

德罗伊诺:这是我的正式声明。

副检察官:这是你送给法院侦察员的信:“既然我被传出庭作证,我首先要抗议某些报馆大肆渲染我在离开宴会厅之前所说的话,我离开那里是因为有人举杯说了一些与我的政治见解相抵触的话……我拒绝宣誓,因为我没有义务,也不想宣扬发生在私人宴会上的任何事情。如果我掌握与国家安全攸关的秘密,我就会一分钟也不迟疑地供述出来,因为这是我的责任。但在现在的情况下,凭良心和名誉来说,我觉得自己是正确的。我从来不曾当过告密人。总而言之,如果根据民法判我有罪,我的良心会证明我无罪。”

副检察官米勒尔接着说:现在可以让我说句话吗?我只想说几句,也许这几句能使您信服,也许不能。您自己在信里发现一个非常正确的差别。您说,您无论如何也不愿意当告密人,然而却会毫不迟疑地供述与国家安全攸关的秘密。但是在这种情况下，每个公民不仅必须根据司法的要求提供证词，而且必须自己主动地供出他所知道的各种未遂罪和阴谋。

德罗伊诺：荣誉的法律不是写在会烂掉的纸上的，而是铭刻在心里的。良心告诉我，我不应当就一次友情流露的时刻所发生的事情提供证词。

米勒尔：很多人在这个问题上都抱着另一种看法。鉴于德罗伊诺先生拒绝宣誓，我们控诉他有罪……

德罗伊诺：不行……我已经被判处罚款。我记得有条规则：一事不罚两次。

米勒尔：您犯了一次已经判了罪，您现在又犯了另一次。我们要求根据刑法第80条判处证人再罚款100法郎。

德罗伊诺：如果我应当受两次处罚，我也服从。我不打算违反民法。

庭长：您是不是希望法庭建议律师替您辩护？

德罗伊诺：不。我不改变我的主意。

窦本:我不想让证人上述的供词节外生枝,不过我希望指出,既然案情没有宣布,根本不应该传唤证人。

德罗伊诺:窦本先生,谢谢您的好主意,不过我不打算聘请辩护人。

法官们退席,到议事室去,经过一小时的商议以后,宣布判决如下:

"按任何人根据合法理由被传出庭,每次都必须提供证词,只要这种证词系属必不可少的,如果证人拒绝履行这项要求,每犯一次,理应再受处分;按证人不可就他应传作证的事实作出判断,并且无权以司法上所侦察的事件并非犯罪行为为理由而回避作证;按所指的证人并不属于法律责成保密的人,本庭特判处古斯塔夫·德罗伊诺先生罚款100法郎,并赔偿诉讼费用。"

德罗伊诺(离开法庭):我觉得,法庭并未按照我们提到的一事不罚两次的规则办事。

庭长:本庭研究过你的论据,才作出判

决。

开始讯问应被告请求出庭的证人。药剂师勒康特,宴会组织者之一,还有桂拉尔、比拉尔、奥社英、卡马伦和丘佩尔供称:当被告举杯祝词,说出前半段话"为路易·菲利浦干杯"时,在与会者当中开始发生大骚动。嘈杂声吵得听不见后半段"如果他背叛自己的誓言"的话。当伽罗瓦解释并补充说明自己的意思后,口哨声和嘘声就被掌声所代替了。

实本请求庭长动用职权使法庭听取宴会主持人尤贝尔先生和腊斯拜先生的证词:这次庆祝宴会有一部分也是为后者而组织的。两位证人正在法庭上,他们立即被传作证。

尤贝尔,年约40岁,过去当过公证人,供称:我们约定不举杯,不说任何非预先通知过宴会的组织者和主席的祝词。很多次举杯致辞都是涉及共和国和国民议会的,但所有纪念国民议会的祝词,都是为了颂扬它的成员在紧要关头所表现出的大无畏精神和爱国主义精神。有人为罗伯斯庇尔和山岳派举杯祝酒是非常不对的。可能在大厅某一个角落里某些与会者私下表示，希望有这一类的祝酒，但实际上没有人说出这一类祝词。为1831年革命的糟糕的祝词是一个令人遗憾的误会。我曾经提议为1789年和1830年的革命干杯，为参加第一次革命时期的巷战而荣膺勋章的公民德孔俾兹干杯。公民德孔俾兹想致辞，但激动和谦虚妨碍他清楚地表达自己的思想。他请邻座一个人代表他致辞。邻座那个人想提议为参加过巷战的年轻战士，为1830年革命的全体参加者干杯。他说错了，说成1831年，不过一发现因激动而说错话，他立即为自己的错误表示歉意。还有一次祝酒词也是完全错误的。原话是："为7月的太阳干杯！愿它使我们温暖，但不要再使人眼花！"有人完全不正确地把这句话说成是新革命的号召。令人遗憾的是，类似这种误解也载在检察长的起诉书里,被告本人在某种程度上也承认了这种误解,把一些与会者根本没有的意图硬加到他们的头上。

伽罗瓦:责备被告轻率,是替他辩护的坏方法。

尤贝尔:你把我必须为你本人的利益而予以驳倒的某些看法说成是全体与会者的看法。

腊斯拜:我坐在宴会主席的右边,听见桌子另一端一片喧嚷声。刚才这里有人说,客人之一高呼:"路易·菲利浦万岁!"以后又听见口哨声。我声明:在我们这次的集会上,对路易·菲利浦既没有人表示支持,也没有人表示反对。我们的集会是友谊性的,而不是政治性的。真正的共和主义者基于自己的原则,永远不会为某一个个别人物干杯;因为人们在变,而事业却依然如故。你们永远听不到我们拥护者之中有任何人会喊:"某某人万岁!"因为一个人今天是我们的朋友，明天可能会变成我们的敌人，后来我才知道，伽罗瓦先生是秩序混乱的起因，但我既没有听见祝词，也没有听见解释。

副检察长米勒尔发表起诉词：被告以敢于发表自己的主张自豪，但是今天他第一次企图缓和他所说的那些不能容忍的话。直到现在，他还说，虽然他十分明确地号召人们谋害路易·菲利浦，却补充说："如果他背叛自己的誓言。"在侦察期间他的全部回答和这种情况毫不相符。检察机关在审理公开性的问题时，所依据的是服务员的供词，从这些供词中可以得出结论，透过半敞开的窗户，大部分在宴会厅里所说的话在外边都听得见。在上诉法院的无数案例中说明，大饭店和小饭店基本上都是公共场所。因此很明显，被告犯有在公共场所教唆谋害国王陛下的生命和侵犯人身的未遂罪。

伽罗瓦当即提出各种各样的解释，有

一部分是临时作出的,另一部分是事先写好的。他声称,在思想上他是跟这一个月中到陪审法庭受审的全体爱国者站在一起的。因此,他和他们一样,有被判有罪或被判无罪的同样理由。

伽罗瓦:上星期六我没有坐在这个被告席上,我也没有受到拳头的威胁,这都不是由我做主的。

伽罗瓦接下去说:主张复辟的人,欣赏一下你们自己的劳动果实吧!你们许诺今后不会再有暴动者。但暴动者有的是……查理十世要比你们机灵100倍。

庭长:您这不是为自己辩护,为您的利益起见……倒不如把您的话转告自己的律师。

伽罗瓦:我快说完了……你们都是小孩!你们把我们的头放到断头台上,可是你们没有力气把斧头砍下去。我们也是小孩,但我们精力充沛,勇往直前,共和主义者的灵魂是淤泥污染不了的。而你们,你们也是小孩,是想竭力……如果我们能够说出一切,那么那些控告我们的人就会出来干涉。请他们不要把我们的沉默当作同意的表示……

庭长:为了您本人的利益起见,我现在要打断您的话。

伽罗瓦:您一点也不妨碍我,我已经说完了。

被告辩护律师窦本只就公开性的问题加以分析:若十天以前,上诉法庭撤销道塞弗省陪审法院因为德·拉杜潘·库维涅在酒店发表叛乱言论而判处徒刑的决定。撤销该判决系由于缺乏犯罪的必要内容,因为陪审法院未曾确定上述言论是当众发表的。

窦本先生将这项原则运用于本案,从而得出结论,认为被告没有任何犯法行为。

法庭庭长南丁就讨论做了总结。

经过半小时的商讨之后,陪审员们对向他们提出来的问题做了答复:

“不，被告无罪。”

埃瓦里斯特·伽罗瓦被公认无罪，并获得释放。

以上是《辩论杂志》的真实报道。从中我们可以看到路易·菲利浦政权已经背叛了1830年7月的革命，他们害怕人民再次革命，为了巩固自己的权力，他们实行专政统治，人们连说话的权利都被严格地限制，仅仅在宴会上的一句祝酒词，都被他们拿来小题大做，虚张声势地扣上一顶谋杀国王的大帽子，听起来是多么的荒唐透顶！他们如此惊慌失措，正说明了他们的政权极不稳定，如同建在空中的楼阁，一遇到风雨就会倒塌，而这时革命的风暴也恰因他们的倒行逆施而急骤地聚集着，人民革命的气势像一堆堆干柴，只要稍微碰到一点火种就会立即燃烧起来。他们害怕这束烈火，怕极了！所以连一个似乎还是个孩子的青年在宴会上的一句谐谑之语也如临大敌。这样的政府虽然打着革命的旗号，但它已逐渐地走向了反革命的一面，正如伽罗瓦在审判会上所预言的那样，它们终究会背叛革命而走向反动。

在法庭上我们还可以看到,正义的事业是深受人们支持和尊敬的。人们会以各种方式来支持它、保护它:作家德罗伊诺坚决拒绝作证,即使两次被罚重金也毫不动摇。尽管他并不赞成伽罗瓦的冒失行为,但他认为伽罗瓦所代表的是正义的事业,朋友之间所说的任何话都不应当拿到法庭上作为证词,这是做人的准则。他坚守这一道德原则而决不出卖朋友,这本身就体现了他是一个正直的人。庭长南丁先生也以他特有的方式在全力地保护着伽罗瓦,能看得出他是一个正直的、富有同情心的长者。在法庭上,他运用自己的权力,不断地、巧妙地在制止着伽罗瓦的冲动,不让伽罗瓦说出对案情不利的话,最后的判决结果与他对此事的看法密不可分。他的努力解救了年轻的伽罗瓦。

作家腊斯拜和宴会主持人尤贝尔都是共和党领导者之一。他们的证词也是在极力地保护伽罗瓦,但从他们作证的字里行间也不免有些让人怀疑他们首先是在解脱自己,先把自己抖搂清白,然后才是保护同志。这恰恰反映出一个资产阶级政党及其领导人的投机性和自私的阶级本质。

人民之友协会的同志们为伽罗瓦请来了律师窦本为其辩护。窦本没有辜负朋友们对他的期望，他不失时机的机智的辩护，为赢得最后无罪释放的结果立下了汗马功劳。

作为一名革命者，伽罗瓦在宴会上的表现显得并不成熟，这种冲动很不必要。因为当时的革命势力还没有发展到可以推翻现政府那么强大，革命还处在发动、组织、酝酿之中，还没有到暴发的时候，所以这个时候去点燃导火索就不太恰当，不仅给革命带来了麻烦，同时也使自己差一点儿身陷囹圄。但他的行为也确实为后来的革命行动起到了助燃的作用，在客观上为共和党争取到了难得的宣传机会。他在法庭上的表现，也为共和党树立了威信，在人们的心目中留下了良好的印象。同时，这件事也是不可避免的，因为伽罗瓦的性格使然，他总是以极其特殊的、激烈的方式来表达自己的心愿。这里我们更应该赞赏的是他在法庭上的表现。

伽罗瓦在法庭上大义凛然的气势，使我们深深地为他那坚定无畏的性格而感动。他认为，只要是正义的事情就无须去掩饰或回避，应该直截了当地阐明自己的观点，采取正义的行动。这种想法在复杂的斗争环境中固然显得幼稚些，但他那无与伦比的正义感和为正义事业而赴汤蹈火的牺牲精神让人为之震撼和敬佩，也是值得后人永远称道的。

4. 又一次被捕

果然不出伽罗瓦所料，不久，菲利浦政权便彻底地背叛了资产阶级革命。1831 年 7 月 11 日，政府通过了逮捕共和党领导人的决议，没收了共和党为纪念 7 月 14 日国庆节而印刷的告巴黎人民的号召书，禁止 7 月 14 日的集会游行。号召书是呼吁全市人民在 7 月 14 日那天组织起来参加集会游行，为纪念攻占巴士底监狱和庆祝国庆 43 周年。号召书中详细地安排了 1831 年 7 月 14 日国庆节的活动程序，文中写道：

7 月 14 日(星期四)，爱国者们在巴士底狱广场上集会并栽种自由之树，以纪念攻克巴士底监狱和建立法兰西共和国43周年。

夏特勒广场和花堤岸街的集会在中午举行,示威游行将在下午1点钟开始。游行路线:花堤岸街、圣马丁街、街心公园、巴士底狱广场。

自由之树将由7月战斗的参加者组成的仪仗队护送。游行行列由演奏爱国乐曲的军乐队引导。装饰着花朵绦带和三色绦带的树枝由1789年的老战士和在"伟大的一周"中负伤的战士高擎着。

工人、学生、七月革命的参加者、资产阶级出身的青年以及一切爱国人士都被邀请参加这次庆祝会。自愿参加庆祝会的国民自卫军军人请穿制服出场。

文中所指的"伟大的一周"是指从1830年7月27日武装起义开始到8月2日查理十世退位为止的7天;而巴士底监狱是14世纪修建起来的法国巴黎的一座城堡,同时也是国家监狱。自15世纪起主要监禁政治犯。1789 年 7 月 14 日由于人民起义而被捣毁。现在这座城堡已不复存在，人们在原址建立了一个广场，称为巴士底狱广场。这次起义奠定了 18 世纪末法国资产阶级的革命。自 1789 年起，捣毁巴士底监狱这一天被定为法国国庆纪念日。共和党利用国庆纪念日组织集会游行，目的是鉴定人民对资产阶级革命宗旨的信念，反对菲利浦政权背叛资产阶级革命而走向发动，声讨当局的反革命、反人民的罪行，唤起人民自觉地组织起来同反动当局进行斗争。

共和党人不顾当局的恐吓和镇压，决定 7 月 14 日集会游行如期举行。政府当局吓破了胆，为了镇压这次游行示威，命令警察继续逮捕共和党人。共和党组织及时通知共和党人安全转移。人民之友协会的大多数会员都得到了通知，伽罗瓦也被通知转移，他在 7 月 13 日晚没有回自己的住所过夜，而是到朋友那儿暂避，他当时住在巴黎的伯纳丁斯街。这救了伽罗瓦，因为当晚警察就查抄了他的住所。伽罗瓦从共和党朋友那里得到指示，要求他在 7 月 14 日中午到新桥去，与一个法律系的学生杜沙特列一起率领人民群众举行示威游行。伽罗瓦欣然接受了组织上交给自己的任务,并在当晚做好了一切准备。

第二天中午,伽罗瓦和杜沙特列准时到达集会地点,聚集在这里的人民群众已达600多人。伽罗瓦和杜沙特列曾经是国民自卫军炮兵团的战士。今天他们一身戎装,穿着军服,背挎马枪,俨然像一名战士。当然他们也做好了被捕的思想准备。下午1点钟示威游行正式开始,他们走在游行队伍的最前列,带领着示威群众高呼口号,挥舞着标语和旗帜,人民群众群情激昂,愤怒的口号声一浪高过一浪,人们在伽罗瓦和杜沙特列的带领下沿着游行路线行进着。快要到达街心公园的时候,从十字路口处冲出一群早已埋伏在那里的警察,警察们手持棍棒横冲直撞地冲进游行队伍。他们挥舞着棍棒不断地殴打示威群众,企图驱散游行队伍,但是在伽罗瓦和杜沙特列的带领下,人民群众与警察展开了搏斗,队伍始终没有被打散。这时,领头的警察醒悟到应该把组织示威游行的带头人抓起来才能达到目的,所以他集结了一部分警察把伽罗瓦和杜沙特列紧紧围住,把他们与示威群众分隔开来,并把他们抓了起来。示威群众见他们的领导人被抓,都奋力营救,可是已无济于事,荷枪实弹的警察用枪逼退了群众,而把伽罗瓦和杜沙特列带走了。

7月14日的示威游行持续了一整天。晚上游行的队伍集结在爱丽舍宫广场,共和党的领导人准备在这儿发表演说,但是遭到了预先乔装成"工人"的市政府警卫队的袭击。一些共和党的领导人被逮捕了。第二天,巴黎的报纸发表了被逮捕的最著名爱国者的名单,其中有杜布尔将军、杜富尔将军和年轻的伽罗瓦。

5. 数学创造成果又一次被扼杀

被捕的当天晚上,伽罗瓦就被关进了圣佩拉吉监狱。伽罗瓦从1831年7月14日起至1832年3月6日止,一直被关押在这里。在这里,他度过了他的20岁生日,也是在这里,他的心灵又一次受到了沉重的打击。刚进监狱不久,他就得到了一个极坏的消息:他送交法国科学院的研究报告被否决了!

他送交法国科学院的这份研究报告的全文早在1830年初就已呈送过一次。当时这份报告的全文是在科学院常任秘书傅里叶手中，但不久傅里叶去世了，伽罗瓦的研究报告也遗失了。后来科学院通知他重新整理一份上述研究报告的简述，呈交科学院，科学院将组织人员进行审核，伽罗瓦按照科学院的要求做了，并在1831年1月12日将整理好的简述提交给科学院。在这份简述中，除了他以前的研究成果外，他又加上了一些最新的研究成果，一并呈报上去，因为是简述，所以伽罗瓦所使用的语言极其简练。1831年7月17日，在科学院举行的例会上，科学院责成两名当时著名的数学家泊松和拉克鲁阿审查伽罗瓦的研究成果。因为有了上一次的经验，伽罗瓦担心科学院的老爷们不会重视他的研究成果，就写了一封信给科学院院长，要求科学院对他的研究成果应予以充分考虑和重视，这封信是这样写的：

致法国科学院院长

1831年3月31日

院长先生：

我不揣冒昧，希望拉克鲁阿和泊松两位先生不至于因为我提到三个月前委托他们两位审查的有关方程理论的研究报告而感到不愉快。

这份报告中所阐述的研究成果，是去年应征数学优秀作品奖而提出的著作的一部分。我在这份报告中研究了一些规则，借助这些规则，在任何情况下，一个给定方程是否可用根式解出就可以确定下来。因为至今数学家都认为这个问题虽然不是绝对不可能的，但无论如何也是十分困难的，所以，委员会就预先决定，我对这个问题无能为力，第一，因为我叫伽罗瓦，第二，因为我是个大学生。于是，我的研究报告被埋没在委员会里。我接到通知说它遗失了。

这对我可以说是够大的教训了。虽然如此，但我还是遵照科学院的一位荣誉院士的劝告，重写了部分原稿，并把它呈交给您。

院长先生，您看到，目前人家对待我的工作，正如通常解决方圆法的问题那样。情况是否将要一成不变地继续呢？

敬祈院长先生恕我烦扰，并请转询拉

克鲁阿和泊松两位先生：我的手稿是否将要再次遗失，抑或准备向科学院报告该手稿？并祈复示。院长先生，请接受您的忠实仆人对您的诚挚的崇高敬意。

埃·伽罗瓦

接受审核鉴定伽罗瓦研究成果的二位学者都是当时法国著名的数学家。

拉克鲁阿是巴黎大学的教授，在微积分学、微分方程、解析几何等方面均有建树，他撰写的《微积分学初等教程》享有盛誉，在当时很快被译成英文传入英国，对英国微积分学的发展起了重要的促进作用。

泊松不仅是法国著名的数学家，而且是著名的力学家、物理家、天文学家。他的研究领域广泛，是一位多产的科学家，在他所研究的各个领域都有着突出的成绩和著名的结果。泊松是巴黎理工学院教授，他的一生几乎全部用于数学研究与教学之中，他的主要贡献是研究数学在力学和物理学中的应用。他首先使用冲量分量形式来描述分析力学，建立了后来称为泊松括号的运算符号。他所著的《力学专论》在很长时间内被奉为标准的教科书。在天体力学方面，他研究了月亮和行星理论的有关问题，探讨了太阳系的稳定性并导出被干扰运动的微分方程。在研究球体引力和引力方程的论文中，他导出了著名的偏微分方程，后来称为泊松方程。在数学物理方面，他研究了各种热传导问题，并使用了三角级数、拉格朗日多项式和拉普拉斯曲面调和函数等数学工具。他的专著《热学的数学理论》是这一领域研究成果的总结。他还解决了电学和磁学中的许多问题。他奠定了偏差理论的基础，研究了内弹道学和流体力学中的应用问题。在弹性理论方面，他利用分子间相互作用的理论导出弹性体的运动方程，给出了该方程的一般积分法，并引入了“泊松常数”。泊松对概率论也有着重要的贡献。他在 1837 年的论文《关于判断的概率之研究》中，提出了描述随机现象的一种常用分布，在概率论中称为泊松分布。泊松在纯粹数学方面也作出了许多贡献。在一般方程论中，他使用了自己独创的消元法；在级数理论中，他提出了发散级数的可和性理论；他还与贝塞尔彼此独立地发现了所谓贝塞尔函数，并给出它在发散性级数中的应用；他在定积分和傅里叶级数方面的研究成果，为狄利克雷和黎曼对该课题的研究铺平了道路。

通过上面的介绍，我们看到两位数学家都有着不凡的成绩，特别是泊松，更是成果卓著。但是，他们在审议评定伽罗瓦的论文成果时，对伽罗瓦所提出的思想和理论都不甚理解，或者更清楚地说，他们都没有看懂伽罗瓦所写的论文。伽罗瓦那极其简练的阐述也增加了评阅人审议的难度，再加上他们对伽罗瓦的轻视，认为一个十几岁的大学生能写出什么惊天动地的论文。特别是他们对伽罗瓦参加政治运动更是有看法，认为一个学者就应该专心地搞研究，怎么还能去参加政治活动呢？如果去参与政治，势必不能全心全意地进行研究，怎么会有创举出现呢？鉴于这种种原因，所以，他们一致认为伽罗瓦所阐述的论点是不正确的，因此，在 1831 年 7 月 11 日科学院的例会上，他们否定了伽罗瓦的研究报告。当这消息被告知伽罗瓦时，他已在狱中了。

人无完人，泊松和拉克鲁阿都是著名的数学家，但是他们也都有不熟悉、不了解的知识领域，而伽罗瓦所论述的崭新的思想和理论是他们没有想到也始料不及的，应当承认，他们也确实缺乏敏锐的眼光，使得他们很难估量伽罗瓦所写的论文的思想价值和深远影响，所以他们得出否定的结论也是很自然的事，应当指出的是，他们在审阅伽罗瓦的论文时如果放下权威的架子，对自己看不懂的东西多请教别人，让其他数学家一起来审定，就不会出现历史上这一大冤案。这不仅是对科学负责，也体现了作为学者所应有的科学精神。遗憾的是，他们都没有等到伽罗瓦著作被平反的时候就去世了，他们带着自己犯下的这一不可原谅的错误永远地离开了人间。

或许是伽罗瓦受到的不公正的磨难太多了，或许是伽罗瓦在众多的磨难中成熟了。当他得知这一坏消息时显得格外平静，他默然不语，表情坚毅而轻蔑，似乎早已预感到会是这样的结果，而这一消息的到来仅仅是验证了他的预料而已。他觉得如果他的论文被通过了那倒是个奇迹，因为他早已看透了那些权威们故步自封的学术态度。他们不可能去情愿地接受新思想和新事物。伽罗瓦在笔记中曾这样写道："1831 年寄往科学院的这份报告的摘录，已交泊松先生审阅；他说，他一点也看不懂这份报告，对我这个被著作者的自尊心弄得眼花缭乱的人来说，这除了意味着泊松先生不想理解，或者无法理解之外，别无其他意义；但对大众来说，这却令人信服地证明，我的这份报告是分文不值的。这样一来，所有一切都使我认为，我向大众提出的著作，科学界将带着怜悯的笑容予以接受，甚至最宽宏大量的人也会指责我的无能。在若干时间内，我将被比拟为符伦斯基，或者被比拟为那些每年都找到方圆问题新解答的孜孜不倦的勤学者。”

这里所说的符伦斯基，是波兰数学家。他因为引进函数行列式而闻名。但是，由于他对自己的研究阐述得含糊不清，别人很难看懂，以致当时大多数数学家都表示怀疑。

泊松与拉克鲁阿对伽罗瓦造成的伤害是巨大的。伽罗瓦这样的说法虽然言辞激烈了些，但也确实是事实。

伽罗瓦虽然失败了，但他并不服输，因为他始终坚定地认为，他的理论是正确无误的，是数学的未来，只是现在的人们无法理解而已，历史终会还他应有的承认和尊重。

伽罗瓦的这些遭遇正如法国数学家艾米尔·皮卡尔所指出的:“尽管这件事令人伤心,却使人产生一种印象,仿佛这位不幸的青年要以新的不幸为自己的每一个天才的发现而付出代价似的。”

6. 莫名其妙的罪名

当局逮捕了伽罗瓦,却很难给他定罪,因为找不到一条合适的罪名。可是他们也下定决心这次决不会放过伽罗瓦,决不会像上一次那样,通过法院陪审团的审定而使他无罪释放。因为不论当局的内务大臣,还是警察局长,都十分清楚伽罗瓦在共和党中所起的作用。他的能量很大,因此对他们来说,他是个颠覆政府的危险人物,况且对伽罗瓦的数学天赋,他们也是早有所闻,对于这样一个极其重要而危险的人物,一定要绝对严密地控制。

在最初的 3 个多月里,当局始终在冥思苦想着如何给伽罗瓦定罪。所以这个案子一直压着没审,直到1831年10月23日，也就是在被捕了3个月零9天以后，伽罗瓦和杜沙特列才出庭受审。为了避免伽罗瓦的案子被转到陪审法院受审，因为那样可能会做出宣告无罪的判决，所以当局对伽罗瓦案件的起诉是被告非法穿军服和携带武器，这样就可以不经过陪审法院这一道诉讼程序而直接判决。在被捕的时候，伽罗瓦和杜沙特列确实是穿着国民自卫军炮兵的制服，携带马枪，而且在搜查时还发现伽罗瓦的身上暗藏着一把匕首。仅以这些理由，杜沙特列被判处3个月徒刑，而伽罗瓦则被判处9个月徒刑。当然这种区别绝不仅仅是伽罗瓦携带匕首的原因。

伽罗瓦对这一判决提出上诉，但巴黎法院在1831年12月3日做出最后判决，维持上述判决有效，并在判决书里特别强调，无论是伽罗瓦还是杜沙特列，都没有权利穿国民自卫军炮兵的制服，因为1830年改组自卫军以后，他们二人已不再是自卫军的成员了。

7. 在狱中

在圣佩拉吉监狱中，犯人被分为三大类：一类是政治犯，一类是刑事犯，还有一类是未成年的少年犯。在政治犯中又分为三类：一类属正统派，一类属拿破仑派，还有一类就是共和党派。这里关押的政治犯主要是当时被大批逮捕的共和党人。在监狱中，政治犯要比其他类型的犯人受优待，他们占据着监狱中设备最完善的一部分房子。而最受虐待的就是那些少年犯，他们的处境最差。政治犯的待遇又分为三等，最有钱有势者住单间，可以自己准备生活用具，还可以从邻近的饭店购买膳食。这样，这部分人的生活就比其他人舒服得多了。他们多半是封建君主制和拿破仑制度下遗留下来的贵族阶层。第二等是年轻而不重要的人物，他们七八个人合住一个房间，但他们也可以自己买食品和用品。第三等就是穷苦人组成的政治犯。他们每60个人合住一间牢房，因为没有钱，所以他们只能“享用”监狱里的饭菜与用品。伽罗瓦被分配到七八个人合住的房间里。

在狱中，伽罗瓦很少说话，显得和其他的政治犯很不相同，入狱以来他一直在沉思着，回忆他所走过的这段人生之路，总结着成功与失败，他担心着国家的前途和人民的命运，并以极大的热忱思索着自己在数学方面的科学发现与创造。既然现在已身陷囹圄，不能继续投入到人民革命的政治斗争中去，那么就应该静下心来搞好数学研究，为人类的科学事业攻克一两个难关，为科学的未来贡献自己的力量。伽罗瓦是这样想的，也是这样做的，他在监狱中不停地工作着。别人白天泡在小酒馆里消磨时光，他却在图书室里刻苦攻读，埋头钻研；别人夜晚聚集在一起唱歌、歌舞、演戏等，举行各种娱乐活动，他却在牢房中昏暗的灯光下秉烛夜读。在狱中，他一方面整理这些年来已经取得的成果，修改关于方程论方面的论文，而且还在椭圆函数方面作了深入的研究；另一方面，由于他对法国科学院已完全失去信任，所以他下定决心自己出书，将他这几年来的研究成果以两部著作的形式公布于众，并打算一出狱就开始实施，争取尽快完成这两部著作。为了抓紧时间，他在狱中就拟好了这两部著作的序言。

监狱，在法国作家的笔下被形容为“最肮脏的阴沟”。伽罗瓦生活在这里的心情可想而知,他时常忧郁不安,这种心情导致他每天吃很少的饭。他身体瘦弱、离群索居、沉默寡言。幸好在那几个月里,共和党人作家腊斯拜是他的狱中难友,他们时常在一起谈谈心里话,使得伽罗瓦的情绪略好些。伽罗瓦忧郁的面容、节制饮食的习惯和他那专注的神情,成为狱中那些酒徒们取笑的对象。有一天,一位酒徒奚落伽罗瓦:“怎么!你只喝水?离开共和党,回到你的数学那里去吧。”“没有酒和女人,你永远也不会成为一个人,有胆量咱们就来赌一把,一人喝一碗烧酒,不然你就不是真正的男人!”伽罗瓦被激怒了,他抓起一瓶白兰地,一股脑儿地喝了下去……后来的结果太可怕了,他一连几天都没有知觉,一直昏迷不醒,幸亏腊斯拜在狱中一直照顾着他,直到他清醒过来。日后,腊斯拜在他的《寄自巴黎监狱的书简》一书中这样写道:“宽容这位柔弱而大无畏的少年吧!3 年之中,科学在他的额头上画下了即使 60 年深思熟虑也不会更深的皱纹。为了科学和德行,请爱护他的性命吧!再过 3 年,他必将成为真正的科学家。”

第五章 世界之憾

1. 突然到来的爱情

8 个月的监禁,使伽罗瓦的身心受到了极大的摧残。他瘦弱不堪,甚至连走路都显得有气无力,他整夜不能入眠,神经衰弱已经达到了不治不行的地步。1832 年的春天,巴黎街头霍乱大流行,这种流行病不久就传到了监狱。监狱长看着伽罗瓦那不堪一击的身体,害怕他若一染上此病肯定就没救了,出于怜悯和同情,他请求了上级,同意伽罗瓦到监狱所管辖的医院去暂住一段时间。

1832 年 3 月 16 日,伽罗瓦因病从圣佩拉吉监狱转移到设在努尔申街第 86 号的医院里治病。他服刑的时间应该到 1832 年 4 月 14 日，现在距刑满释放还有近一个月的时间，所以这段时间属于假释保外就医。尽管这样，伽罗瓦也算是自由了！因为在医院里他可以比较自由地出入。有了这样的环境，他的心情好多了，再加上医院针对他的病情及时治疗，他的身体很快就得到了明显的好转。

福耳特里埃是这个医院的院长。由于医院是由警察局所控制的，所以福耳特里埃也就同时具有双重身份，他既是一名医生，也是监视病人的情报人员。但他对伽罗瓦还是分外关心和爱护的，他佩服伽罗瓦在数学方面所显露的才华，欣赏他的创造，也为他如此年轻就有这样突出的科学成就而赞叹。在医院里，他指派最好的主治医师范德瓦尔·杜莫梯尔为伽罗瓦医治，在他们的关怀和细心医治下，伽罗瓦迅速恢复了健康，他又开始孜孜不倦地进行研究和撰写论文。福耳特里埃见他如此拼命地学习着、研究着，怕他累坏了，总是劝说他要劳逸结合，而伽罗瓦却始终在拼命地阅读着、书写着。为使伽罗瓦能放松一些，福耳特里埃一直在寻找着这样的机会，他终于想出了一个好办法。

一天，福耳特里埃兴冲冲地来到了伽罗瓦的房间，递给他一份请柬，邀请他在周末去自己家参加一个聚会，成员都是医院里的同事和他们的家属。伽罗瓦看到福耳特里埃对他这么好，非常感动，也愉快地答应了。

经过一番精心的修饰，伽罗瓦向福耳特里埃家走去。他迈着轻松的脚步走在巴黎的大街上。这时，他才突然发现春天已经悄然来临了，地上的青草已隐隐泛出青绿，在路边的树下铺设出一块块黄绿色的地毯，路两旁的法国梧桐舒展着它那北美驯鹿角似的枝干，在那枝干上，往昔的褐色旧树皮已被新的树皮顶裂开来，斑驳地挂在树干上，而在裂缝中一抹新绿正蜿蜒着流向树根，在树冠的每一个枝杈上，那休眠了一冬的叶苞此时饱满而充实，有些叶子已迫不及待地冲破那坚硬叶壳的包裹而绽放开来，点点新绿带着那黄绿色的稚嫩在树枝上摇曳着，远远望去如同一串串报春花组成的花环，镶嵌在街道上空，它们在春风中殷勤地舞动着，似乎向人们报告着：春天来了！春天真的来了！伽罗瓦仰望着那清新湛蓝的天空，信步走在被青草绿树点缀着的街道上,心情格外激动,他深深地、贪婪地呼吸着清新的空气,仿佛要把他身上所有的晦气都倾吐干净似的,他也在心中默默地祈祷着:但愿这个春天会给自己带来幸福和希望!

福耳特里埃的公寓坐落在一条清静幽雅的街道上,房屋前面的庭院宽敞整洁,白色的二层建筑在庭院的映衬下分外漂亮。伽罗瓦来到时,客厅内已有不少客人。主人福耳特里埃热情地向客人们介绍着年轻有为的伽罗瓦。在医生范德瓦尔的身旁有一位少女一直在注视着伽罗瓦,主人把伽罗瓦带到她的身边,介绍道:这是范德瓦尔先生的女儿斯特凡妮·帕特琳,希望你们年轻人能在今天的聚会中玩得开心。一直注视着伽罗瓦的斯特凡妮这时礼貌地向伽罗瓦致意,那双深蓝色的大眼睛却始终没有离开过伽罗瓦。当伽罗瓦与客人一一打过招呼后,取了一杯葡萄酒,选择了一个靠近阳台的位置坐下来,赏春的兴致未尽,继续欣赏着窗外的春色。"您好,可以坐在这儿吗?"一位姑娘轻盈地来到了伽罗瓦的身边,伽罗瓦被这悦耳的声音唤醒,他慌忙放下酒杯站起来,请姑娘坐在他身旁的椅子上。当他定神坐下时，一双熟悉的大眼睛映入他的眼帘，那深蓝色的眼眸中闪烁着深情的目光。这时，伽罗瓦才特别注意地打量着这位姑娘，她秀丽苗条，一泓金色的头发瀑布般地倾泻在肩膀上，天鹅绒晚礼服闪着湖蓝色的光，映衬着那泓金发分外地耀眼辉煌，而那金发又将那湖蓝色的晚礼服辉映得更加深沉端庄。看着这位美丽的少女，伽罗瓦顿时有些心动。这些年来，他从未这样仔细地审视过一位女孩，而他第一次用心注意的第一个女孩竟是这么美丽动人，让人无法抗拒。想到此，他不觉面带窘色，迅速将眼神移至窗外。这时，斯特凡妮倒是大方得体地与伽罗瓦攀谈起来。她告诉伽罗瓦她早已从父亲那儿了解到伽罗瓦的许多事。其实，在这之前，她也对伽罗瓦早有所闻，这一两年来伽罗瓦的名字经常能从巴黎各大报纸上看到，他虽不得志，却是一位风云人物，从 1829 年巴黎综合工科学校未录取这位数学天才开始，他的名字就不断地在报纸上出现，师范大学开除伽罗瓦的风波、布尔根宴会上举杯致辞的风波、第一次被捕后在法庭上的慷慨陈词，作为共和党坚定分子的他把当局搅得惊慌不已，他参加并组织 7 月 14 日游行示威而第二次被捕入狱的消息等，这些报道足够让人们记住伽罗瓦这个名字，还有他在数学研究方面的成就和聪明过人的天资，他正直坦率却孤傲倔强的性格，也都通过报纸一并介绍给了人们。他虽然年轻，3 年前，可以说他几乎还是个孩子，就已锋芒毕露，且每次出现在报纸上都极具刺激性和悲剧性。许多人在注视着他、关心着他，斯特凡妮就是其中的一个，姑娘天生喜欢猎奇，非常想见到她心目中的这位英雄，今天终于有了这个机会。当她第一眼看到伽罗瓦时就立刻感到怦然心动，看到他那虽然清瘦却英俊潇洒的神态，坚定沉着的目光，更使她心目中的英雄升华为热情追求的偶像。因此，她主动接近伽罗瓦，而伽罗瓦也为她的容貌和举止所动。

晚餐过后，舞会开始了，徐缓轻松的舞曲在大厅中响起，两位年轻人随着那优美的乐曲翩翩起舞，在柔和的灯光下旋转着、交谈着。几曲过后，他们离开了人群，来到阳台上悄声畅谈着，他们的每一个话题都有那么多的共同语言，都谈得那么和谐，两颗心完全沉浸在兴奋与幸福之中……聚会结束了，可他们却兴致正浓，恋恋不舍，伽罗瓦将斯特凡妮送上车，并相约下星期六晚上再相见。

这一天伽罗瓦高兴极了，他觉得这是记忆中最高兴、最幸福的一天！自从离开家到巴黎来上中学的那一天开始，他就没有高兴过，心情总是压抑、孤独的，事业上的挫折与失败，使得他对一切都感到不满和憎恨。而今天他突然萌发出一种感情，一种他从未有过的感情，它燃烧着自己的心，沸腾着自己的血，这究竟是一种什么感情呢？走在回医院的路上，他一直冥想着，终于感悟到这是情窦初开的恋情，是突然到来的爱情。真没想到爱情会给他带来如此美好的感觉，他走在明月朗照的路上，情不自禁地孩子般地跳跃着、奔跑着。他感谢福耳特里埃，是他安排了这次聚会；他感谢范德瓦尔，是他带来了自己的女儿；他感谢春神，是春神为他送来了一位美丽多情的少女，开启了他多年禁闭的心扉，给了他生命的力量和希望，让他感受到这世界还有如此美妙的生活。不知不觉，他已来到了医院，一夜无眠，他思索着、憧憬着，仿佛未来的一切都是美好的。

一星期的等待实在太漫长了，在一天天的盼望中终于迎来了那可贵的星期六，他们相约在临湖花园见面。这一天他们谈到很晚很晚，一个星期酝酿在心中的情感，一个星期积存下来的话语，一个星期的梦想，都要在这一刻表达出来，怎么能不觉得时间很短而要说的话很长呢？他们依偎着坐在湖边的长椅上，互相倾诉衷肠。明亮的月光照在水面上，映出了他们的身影，在这春风中，月影下两颗心紧紧地贴在一起，共同表达着一个心声：愿这纯真的友谊与爱情天长地久。从那天起，他们的交往更加密切频繁，两个人的感情也越加深厚了。

正如伽罗瓦做其他事情一样，在他与斯特凡妮恋爱的事情上也是那样的真诚急切，全身心地投入和不遗余力。他完全沉浸在爱情的甜蜜中，坠入情网而无法控制，不能解脱与自拔。

4 月 14 日是伽罗瓦服刑期满的日子，因为他的病情没有彻底好转，还需要继续治疗，所以一直拖到 4 月 29 日他才离开医院，也算是正式被释放的日子。离开医院，他没有回妈妈家，而是在巴黎市内租了一间简陋的房子。他准备静心地调养一下自己的身体和情绪，也为了更快地赶写出他在监狱中就已拟订好的那两本书。当然，还有一个重要的原因，就是他与斯特凡妮的爱情,使得他不能回到郊区的妈妈家。

在这所简陋的房子里,他准备白天拼命地研读写作,而到了晚上就是他和斯特凡妮的共同时光。如果一切都能这样继续下去,那么就不会有后来的悲剧,而事情却偏偏发生了变化。

2. 突　变

5 月初的一天,伽罗瓦收到了斯特凡妮的一封信,信中的口气急转直下,她告诉伽罗瓦最近不方便相见,要求将他们关系暂搁一下,什么时候相见她再与伽罗瓦联系。信很简短,语言也很婉转,但对伽罗瓦来说,这个变化太大了,就在前两天他们还沉浸在热恋中,怎么忽然间就不相见了呢? 伽罗瓦预感到一定是发生了什么事情。第二天,伽罗瓦找到了斯特凡妮的父亲,即为他治病的医生范德瓦尔,向他询问原因,范德瓦尔觉得很对不起伽罗瓦,他不愿伤害伽罗瓦,想把事情隐瞒下来。可是,看到伽罗瓦那痛苦难耐、急不可待的样子,他不忍心继续折磨这位年轻人,就将他所知道的情况告诉了伽罗瓦。原来,就在前几天,一个偶然的机会,斯特凡妮认识了一个青年,他也是共和党的成员。出于猎奇,斯特凡妮对这位爱国者又发生了兴趣。

伽罗瓦听到这一消息后,如五雷轰顶!他想象不到,也无法想象会有这种事情发生。他接受不了,实在是接受不了!为了这份爱情,他倾注了全部的心血和热情,奉献出了万分的忠诚,以圣教徒式的真诚热爱着自己的恋人。因为这份爱情,他企盼着、憧憬着、梦想着、努力着;因为这份爱情,他激动着、燃烧着、沸腾着;因为这份爱情,他感到世界是美好的;因为这份爱情,他体会到生命的价值和意义。可现在,这份爱情却突然从他的身边溜走了。他不甘心这份爱情就这样消失,下决心要弄个究竟。在冷静地思考了几天之后,一天晚上,他来到斯特凡妮家,想约她谈个究竟。斯特凡妮仍然热情地接待了他,这使伽罗瓦迷惑不解,斯特凡妮平静地对他说,在一次朋友的晚宴上,她认识了一位青年,这位青年的名字叫杜沙特列,就是那位和伽罗瓦一起被捕并判刑3个月的共和党成员。因为杜沙特列的传奇经历同样吸引了她，所以她对杜沙特列也开始感兴趣，并且在以后的几次交谈中发现，杜沙特列不仅潇洒大方，而且在性格方面更具魅力，使得她不自觉地也开始爱上了杜沙特列，而杜沙特列也深深地爱上了她，离不开她。她现在也正处于两难之中，她深爱着伽罗瓦，又不忍心离开杜沙特列。她把这件事情如实地讲给伽罗瓦，是希望伽罗瓦在思想上有个准备，因为她也不知道将来会发展成一个什么样的结果。

伽罗瓦听到这儿，已经头晕目眩，他无法形容自己的感觉，只觉得像吃了一只苍蝇一样不断地反胃作呕。他不知道该说些什么才能结束这次谈话而赶快离开这里，不然，他就会昏厥在这里。于是他强忍着一切不适，只说了一句："没想到我的爱情也是这样的不幸！"就踉跄着冲出斯特凡妮的住所。

他病了，这次他是真的病了。他心里的病痛将他伤害到了极点。他无法想象、无法克制，又无法发泄。一边是他深爱着的恋人，而她却不钟情于他；另一边是他共同并肩战斗、同监共室的同志、朋友，无意中却正在与他争夺恋人，成为情敌。他该怎么办？他该如何是好？他从心里愤恨不钟情于自己的斯特凡妮,可每一次的愤恨之中又渗透着对她的那份深深的眷恋与不舍。他憎恨杜沙特列,世上的女人有的是,你为什么要与我争夺同一个女人?可这又怪谁呢?只怪上帝对他太不公平,为什么世上千头万绪的事,而他去做的每件事,最后的结果都是不幸的呢?他想不通,但也决不想向命运低头。于是他写信给斯特凡妮,要求她能认真地考虑他对她的感情与付出,希望她能舍弃别人而回到自己的身边来。斯特凡妮回信约他谈谈他们三个人之间的问题。但这次谈话没有任何改观,而且谈得也很不投机,斯特凡妮希望伽罗瓦和杜沙特列其中一人放弃对她的追求,而她自己不能为此做些什么。

伽罗瓦只好约见杜沙特列,与他当面说清自己的感觉和想法。他们之间的谈话是诚恳的,但对同一个女人的追求,谁也不想放弃,最终毫无结果地结束了。

这使伽罗瓦更加苦恼,他对此事一筹莫展。在万般无奈之下,他想起了好朋友奥古斯特·舍瓦烈,向他倾诉自己的烦恼与不幸,并请求他能给予指点和帮助。这时的奥古斯特·舍瓦烈住在法国的孟尼尔蒙坦。法国空想社会主义的创始人圣西门去世后,他的事业由阿尔曼·巴扎尔和普罗斯贝尔·昂方坦来继承。他们都是当时法国最著名的空想社会主义者。阿尔曼·巴扎尔是圣西门主义卓越的宣传家,普罗斯贝尔·昂方坦则是圣西门主义最主要的奠基人。后来巴扎尔在孟尼尔蒙坦组织了一个农业公社,在农业公社里圣西门主义者过着安闲恬静的田园生活。舍瓦烈和他的弟弟密歇尔都是圣西门主义的成员,所以,他们都在这个公社里生活。舍瓦烈曾几次去信劝说伽罗瓦也来这里生活工作,免去世间的纷扰和争斗,但伽罗瓦都坚决地拒绝了。舍瓦烈收到伽罗瓦的信后,立即给他回信,劝解伽罗瓦应以平常心来对待这些纠纷,应当放弃这份爱情而另去寻找生活中新的幸福,应当以数学工作为重,尽快地将自己的思想和手稿整理出来,公布于众,这才是年轻的伽罗瓦最应该做的事情。

伽罗瓦见信后很快给舍瓦烈写了最后一封回信,写信的时间为1832年5月25日。这封信是被保留下来的有关伽罗瓦的珍贵史料之一。阅读这封信,我们可以更加清楚伽罗瓦当时的真情实感。信的内容如下：

我亲爱的朋友!

倘若使你获得慰藉，忧愁又有何妨；若有好友，纵使受苦也能感到真正的幸福。你那封充满圣徒式抚慰的来信，使我稍得平静。但我所经受过的汹涌的激情将如何使之消灭痕迹呢？

虽然，在一个月里尽享被释放者的最甜蜜的快乐，但他酒醉无欢，也无希望，你又知道他已濒临山穷水尽之境，那又如何能够感到快慰呢？

啊！于是有人宣扬逆来顺受！于是有人要求受苦人要对世界慈悲为怀。慈悲么？决不！憎恨，只有憎恨！谁对目前不感到刻骨的憎恨，而对未来不怀着真挚的热爱呢？

虽然我的理智不再需要暴力，但是我的内心却需要暴力。我要为我所经历过的许多苦难报仇雪恨。

要是没有这一切，我就可以和你在一起。

不过，我们且撇开这些吧；有一种人，命运决定他们来做好事，而永远不坐享其成。我担忧，我是属于这种人的。

你说，那些喜欢我的人应当帮助我解决日常生活的困难。可是你知道，喜欢我的人并不很多。而对你来说，帮助我就意味着竭尽一切可能来满足我的愿望。我认为自己有责任警告你，我已这样做过成百次，你的这种努力都是徒劳无益的。

我仍然怀疑你的悲观预言"我不再从事科学工作了"这句话的真实性。不过我承认，这种预言并非毫无根据。妨碍我成为科学家，恰好是我不光是个科学家。我的内心激愤得违反理智，但我不像你那样补充说："非常遗憾。"

可怜的奥古斯特，如果我触伤了你的情感，并轻率地批评了你所信赖的人（注：指昂方坦），那就请原谅吧。向他瞄射的箭矢,并不太尖锐,而在我的笑声中并没有苦味。对我的愤恨心情来说,这已经够了。

我将在6月1日去拜访你。我希望,6月上旬我们会经常见面。6月15日我将到多飞内去。

一切都是你的

埃·伽罗瓦

附:我重读你的来信时,注意到你有一句话,责备我陶醉在曾经玷污我的心灵、头脑和双手的腐烂世界的腐臭气息之中。

这种激烈的责备恐怕在暴力制度拥护者那里是找不到的。

陶醉!我对一切,甚至对荣誉的爱好也都感到失望了。我所憎恨的世界怎么还会玷污我呢?请你好好地想一想吧。

将心中的积怨和愤恨都向自己的好友倾吐后,伽罗瓦的心里略有一些轻松的感觉。这一夜他睡得很好,起床后觉得精力和体力均有所恢复,于是继续开始他的数学工作。傍晚时分,杜沙特列来到他的住所,伽罗瓦一看见他,怨恨与愤懑便无法控制地涌上心头,本已平静的心情又开始慌乱激动。杜沙特列这次来找伽罗瓦是要向他挑明自己一定要得到斯特凡妮的决心。因为她太吸引他了,以致他无法考虑同志、朋友的这份亲情,他必须要得到斯特凡妮,不然他就会死掉。他希望或更确切地说是要求伽罗瓦主动退出这场争夺,不然后果不堪设想,无论如何他都要得到斯特凡妮,不管采取什么手段。本来伽罗瓦在奥古斯特·舍瓦烈的劝说下有意考虑是否放弃这份爱情的问题,但经杜沙特列这一番强硬而无理的语言一激,他也顿时被激怒了,他说:“你如果以这种态度来解决问题,那么,我明确地告诉你,我决不放弃,绝不撤退,不论你采取什么样的手段,我都会毫不犹豫地应战。”

离开伽罗瓦的住所回到家里,杜沙特列为自己遇到强硬的对手而头痛。他深知伽罗瓦的脾气和性格,只要他下定决心要做的事谁也阻挡不住,更可怕的是他绝不顾后果,宁肯牺牲一切也要去做。他想到了退让,但对斯特凡妮的热望使他坚决地否定了这一想法,况且他已对斯特凡妮表示,无论如何也要得到她。他是这样说的,也是这样想的。痛苦和无奈折磨着他,使他不能入睡。他在冥思苦想中突然冒出了一个大胆而暴力的想法:决斗!他要效仿当时欧洲上层贵族们为了显示自己的勇敢和尊严所采取的方法来解决这一纠纷。

3. 决　斗

5 月 27 日,伽罗瓦收到杜沙特列派人送来的信。这是一封决斗的挑战书:

我亲爱的朋友!

斯特凡妮对于我们都是十分重要而不能忍让的。在我的生命中,斯特凡妮如同空气、阳光和水,我活着便不能没有她,要么我情愿为她去死。而我想你也是同样的感受。于是我想出了一个解决问题的最公平的办法:决斗!

时间是 5 月 30 日清晨 6 点,地点在冈提勒的葛拉塞尔湖边。相信你决不会因害怕而退缩，请如约准时到场。

决斗的方式是采用俄式的轮盘赌形式。我们各持一把手枪，其中只有一把手枪中有一颗子弹。

决斗是我们两个人的事，我绝不请第三者参加，请你也以你的名誉保证不预先通知任何一位朋友和亲人。

为了斯特凡妮，为了我们公平竞争，5月30日见。

杜沙特列

伽罗瓦看后震惊不已，没想到杜沙特列竟会采取这种方法来解决纠纷。为一个不钟情于自己的女人进行一场生命的赌博，这不是太不值得了吗？自己还有好多的事情要做，而且他已安排好在6月初就离开巴黎这个是非之地，现在竟惹出了这么一件棘手之事，真是让他烦恼不已。经过一天的思考，伽罗瓦给杜沙特列写了一封回信，说明自己根本没有决斗的想法，也绝不想依杜沙特列的办法去解决问题，他已做好准备退出这场争斗而远去他乡，做自己想做的事，他绝不愿为一个不值得再爱的女人而赔上自己的性命。不论他们两个人谁为她而死都是不值得的，请杜沙特列收回他的挑战书，结束这场违反理智的争斗。

5月29日清晨，伽罗瓦收到了杜沙特列的回信。信中说：

你的解释丝毫改变不了我与你决斗的决心。我已决定，一定要选择这一方式来解决，因为它能表明一位高尚男人的勇敢和对待爱情的决心与奉献。如果默默地接受你的退让而得到她，那是对我的侮辱与轻视。

还记得你的誓言吗？愿以任何一种方式来接受我的挑战。怎么现在害怕了，做了一名胆小鬼，这绝不是我心目中始终保存着的英雄伽罗瓦的性格。

来吧！接受挑战吧！如果明天清晨看不到你的身影，我会向全世界宣布你的怯懦与胆小。

祝你幸运,我们都有活下来的机会,也都面临着可怕的死亡。而死亡算什么,为达到自己的目的而死,死得其所。

等待着你的杜沙特列

杜沙特列的这封信将伽罗瓦推向了死亡的深渊,在他的激将下,伽罗瓦被逼上了决斗的战场。

明天就是决斗的日子,生还是死去的可能都是二分之一,但直觉告诉伽罗瓦幸运之神不会光顾到他的头上,因为他有生以来凡是想做的事情都与幸运无关,而所能得到的只有灾难与不幸。这次估计也不例外。面对可能即将来到的死亡,他应该做的事情很多,尽管这个世界没有给他留下什么好印象,但他始终放不下的是他的数学研究,如果真的在明天死去,不能完成自己的数学著作是最大的遗憾。现在最重要的任务就是利用所剩的时间做最大限度的补救,把自己的成果、想到却来不及实现的想法、预见却来不及详细证明的数学结果尽量多地留给后人,让后人沿着自己的道路继续研究和完善。他想好把这一重任交给自己的好朋友奥古斯特·舍瓦烈,他一定会保存好自己的手稿并将它以最适当的方式传交给后人。于是,他开始给舍瓦烈写信。这也是他给这位好朋友的最后一封信。这封信很长,完全是讨论关于数学方面的种种问题。这里,我们把这封信的开头和结尾介绍给大家,从中可以了解伽罗瓦对自己数学工作的安排、对数学的热情与倾注,以及面对死亡所表现出的高尚的内心世界和情操。他在决斗前还把最后的时光献给整理数学论文的工作。

我亲爱的朋友!

我在分析方面有了某种新发现。其中有些涉及方程论,另外一些涉及整函数。

在方程论中,我探讨了在哪些情况下可以用根式解方程,这给我一个理由来加深这个理论,并描述各种各样的甚至用根式都不能求解的方程变换。

由此,可以做出三份报告。第一份已经写完成,而且经过修改后,不管泊松说了些什么话，我坚信它是正确的。

……

我亲爱的奥古斯特，你知道我不是单单研究这些问题而已。从某个时期起，我考虑最多的是怎样把不定式理论应用到超越分析上面。问题是要先验地预见到超越数或超越函数的关系中可以进行什么样的变换，即哪些数可以用来代替该数，使关系仍然有效。这就使人不得不承认有很多公式是不可能成立的，它们必须用另一种方法来进行研究。可是我没有时间，而我对这个辽阔领域的认识还不是很清楚。

让我这封信刊载在《百科全书派评论》上吧。

我的一生中不止一次地敢于提出我没有把握的命题。这里所写的一切，我已经考虑了将近一年，对我自己的需要来讲，我是不可能错的，否则人家就会怀疑我只指出一些定理，而对于它们的充分论据却茫然无知了。

请你公开向雅可比和高斯请教，并请他们发表自己的意见，但不是谈论定理的正确与否，而是谈论这些定理的意义。

我希望，这样一来，将会出现一些人，他们会认为，把这种杂乱无章的情况整理出秩序来，对于他们自己是大有裨益的。

热烈地拥抱你！

埃·伽罗瓦

这就是人们传说中的伽罗瓦在决斗前夜仅用一夜时间就把群论写出来的故事。实际上，他关于群论的思想和论文早在一年多以前就已提交法国科学院，但是被泊松否定了。不过他在这一夜确实对这些思想和结论做了重新校正和修订，而且在这一夜，他把自己这些年来所考虑的在数学方面的卓越思想和创造性预见的结果匆忙地、尽可能多地记录下来，为后人留下了一批极其宝贵的财富。他一夜中写就的东西，后人用了近 100 年的时间才弄清楚，才真正体会到它的价值和意义。

在 5 月 29 日这一天，伽罗瓦还写了另外两封信：

一封是写给共和党的同志们，一封是写给他的两位朋友 N. L. 和 V. D. 的。信中写明了他的死因和惋惜的心情。我们一起来看看他的这两封信。

1832 年 5 月 29 日致全体共和派的信

我请求我们的爱国朋友们不要责备我不是为自己的祖国而献出生命。

我将成为一个下流的卖俏女人的牺牲品而死去。我的生命要在一场下流的丑事中消灭掉。

啊！为什么要为这样无聊的事情而死去，为什么要为这样可鄙的事情而死去！

苍天作证，我曾用尽办法试图拒绝这场决斗，只是出于迫不得已才接受了挑战。我后悔对这些不善于冷静地倾听真情的人说了招来不幸的实话。但是，我终归是说了真话。我将带着不受谎言、不受爱国者的血所沾染的良心到坟墓里去。

永别了！我已经为公共的幸福献出了自己大部分的生命。

不要责备杀死我的人。他们是诚挚的……

埃·伽罗瓦

1832年5月29日致N.L.和V.D.的信

亲爱的朋友们!

有个爱国者约我战斗……我无法拒绝。

请原谅我没有通知你们之中的任何一个。

我的对手要我提出保证不预先通知任何一位爱国者。

你们的任务很简单:你们应当证实,我是违背自己的意愿而参加决斗的,也就是说,用尽一切办法希望和平调解事情之后,才进行决斗的;你们还应当证实,我对无聊的事,甚至像上述无聊的事,也不善于撒谎。

不要忘了我!因为命运不让我活到祖国知道我的名字的时候。

我至死还是你们的朋友。

埃·伽罗瓦

伽罗瓦的这两封诀别信充满了对同志们和朋友们的真情和挚爱,包括他的对手、置他于死地的人,只要是同志,他都不忍心伤害。他是多么真挚、善良的人啊!同时也表达了他对这件无聊的事发展到这一地步的无奈。这是造成他的悲剧结局的最直接原因,可是我们这些后人又能责备他什么呢?他毕竟年轻,处理棘手问题的办法还太少,毕竟不愿意被别人轻视,毕竟是一位热血男儿。一个有血有肉的人怎么可能对每件事情的处理都能理智从事。我们感到最大的惋惜是他所付出的代价太惨重了,不仅对他自己,对数学发展,对人类进步都造成了重大的损失,这个损失是无法估量的。

时间一分一秒过去,5 月 30 日的黎明即将来到,天边已泛着白色。伽罗瓦仍在紧张匆忙地写着他的论文手稿。面对紧迫的时间,他在不时地写着:"这个论据需要补充,现在没时间。"在黎明到来时,他不得不搁下笔,恋恋不舍地离开他的手稿,向葛拉塞尔湖边走去。

1832 年 5 月 30 日,在葛拉塞尔湖边,伽罗瓦与杜沙特列的决斗开始了。在决斗中，双方用手枪在相距几米远的地方互相射击。不幸的事终于发生在伽罗瓦的身上，杜沙特列所持的手枪中有一颗子弹，而伽罗瓦的没有。一颗子弹从杜沙特列的手枪中射出，击中伽罗瓦的腹部，他受了致命的重伤，当场昏倒在地。几个小时后，当地的一位农民来到湖边，偶然发现了昏迷中的伽罗瓦，立即把他送到了科申医院。虽经医院全力抢救，但因伽罗瓦失血过多，伤后耽搁的时间太长，失去了抢救的机会，1832 年 5 月 31 日上午 10 点钟，伽罗瓦与世长辞。

临终前，伽罗瓦拒绝神父替他祈祷。他把自己的全部数学手稿及信件等托付给了他的弟弟亚耳费勒，并请他转交给好友奥古斯特·舍瓦烈。弟弟见哥哥如此这般痛哭不已，伽罗瓦镇定地安慰弟弟："不要哭，我在 20 岁的年纪死去，需要我全部的勇气。"

伽罗瓦的死震惊了巴黎，也吓坏了当局执政者，他们害怕因为有影响的共和党人伽罗瓦的死而引起一场暴乱，于是就命令警察局严加监视，各大报纸不准随意发表伽罗瓦之死的消息。在警察局长亲自拟订审批下,巴黎各大报纸才被允许刊登了同样内容伽罗瓦之死的简讯。而巴黎以外的地方报纸则做了较为详细的报道,其中里昂的自由主义《先驱报》在6月4日有如下报道:

“巴黎6月1日消息。昨天,一场不幸的决斗从科学界夺走了一位前途极其灿烂的青年。可叹他过早的声望仅仅和政治有关。一年前由于在布尔根饭店宴会上曾经举杯致辞而遭到法院审讯的年轻的埃瓦里斯特·伽罗瓦,跟自己的一位年轻朋友进行了决斗。两位年轻人都是人民之友协会的会员,两人都曾在政治诉讼案中出庭受审。有消息说,决斗的起因是由于恋爱事件。决斗双方选择手枪作为决斗武器。他们从前曾经是朋友,因此,认为不屑互相瞄射,而决定听天由命。他们用枪口互相顶着对方射击,但其中只有一把手枪装着子弹,子弹射穿了伽罗瓦,他被抬到科申医院,两小时后在那里死去。伽罗瓦时年22

岁,他的对手杜沙特烈比他稍年轻一点。”

这一报道中除了年龄和“两小时”有些差错外,其余写得完全真实。这篇当时的实际报道,对于澄清后来人们对伽罗瓦决斗的原因及对手的种种猜测,起到了很重要的作用。

1832 年 6 月 2 日,这天是个星期天,伽罗瓦的葬礼在这天中午举行。尽管当局想尽办法来弱化伽罗瓦之死的消息,但送葬的人们还是达到了上千人。送葬的队伍里有人民之友协会的同志、巴黎大学法律系和医学系的学生、巴黎炮兵部队的战士以及他的许多生前好友,还有不少巴黎的市民和爱国者。伽罗瓦被埋葬在巴黎市郊的蒙帕尔纳斯公墓。当送殡的行列来到郊区公园内,人们从灵车上卸下了灵柩,将伽罗瓦的灵柩抬到公墓内,安放到墓穴中,然后由市民、人民之友协会和爱国者团体的代表分别致悼词,沉痛悼念伽罗瓦以寄托哀思。在鲜花覆盖的灵柩上人们缓缓地举锨铲土,掩埋了伽罗瓦。

当后来人们真正认识到伽罗瓦为数学所做出的划时代的伟大贡献时,他的墓址已无从确认了。为了纪念这位伟大的数学家，在他的家乡，伽罗瓦出生的房子前面立下了一块纪念碑，上面写着："法国著名数学家埃瓦里斯特·伽罗瓦，生于此。卒年20岁，1811—1832年。"

4. 与命运抗争的勇士

1832年9月，伽罗瓦生前最亲密的战友奥古斯特·舍瓦烈在《百科全书派评论》上发表了悼念故友伽罗瓦的文章。伽罗瓦的全部著作也由他的弟弟亚耳费勒·伽罗瓦转交给奥古斯特·舍瓦烈。为实现好友的遗愿，舍瓦烈东奔西跑，想尽一切办法联系出版事宜，但都始终没有找到愿意出版这部著作的人，因为与伽罗瓦所处同一时代的数学家们不仅不懂得伽罗瓦的著作标志着数学发展新时代的到来，甚至根本不重视伽罗瓦的著作。泊松就是一位最典型的代表。直到14年后，毕业于巴黎综合工科学校（也就是伽罗瓦一心向往却被拒之门外的那所英才学校）的法国著名的数学家、分析学家约瑟夫·刘维尔，在他所创办的数学杂志《纯粹与应用数学杂志》上第一次发表了伽罗瓦的著作。伽罗瓦的数学著作保存下来的手稿只有60页。这60页手稿向全世界宣布了科学家伽罗瓦的名字！世界上至今还没有一位科学家，以这样少的篇幅为人类做出了如此卓越的贡献。

伽罗瓦年仅20岁就匆匆地走完了他的一生，离开了这个给他带来许多不幸、烦恼和割舍不下的世界。他的死使数学发展至少推迟了几十年，即使几十年以后，人们对他所阐述的数学思想、理论、方法及他在数学方面的预见也不甚理解和重视，但经过几代数学家的努力，在人们终究真正认识到了他在数学领域的巨大发现和对数学研究所做出的伟大贡献。他发现了群论这一数学理论，而这一理论被后人称为人类数学发展史上的三大发现之一。群论是现代数学的奠基性理论，所以伽罗瓦当之无愧地成为现代数学的奠基人之一。他所阐述的数学思想和观点使数学发生了一场深刻的革命。这种革命思想不仅体现在数学上，而且也同样体现在他对社会变革所做出的努力和贡献上。作为数学家的伽罗瓦和作为革命家的伽罗瓦在今天同样受到后人的敬佩和赞颂。伽罗瓦这一名字永远和革命一词连在一起。他永远面向未来、追求真理,他始终坚信自己的事业和理论是正确的。

革命总是要付出代价的,因为他要革现实之命、革前人之命,不可能不受到阻碍和反对。由于当时不论在科学界还是在社会政治运动中,这种旧势力的力量过于强大,以致伽罗瓦独自一人单枪匹马地与之抗衡,实在是势单力薄,无法抵挡,所以才造成了伽罗瓦的悲剧下场。但他毕竟点燃了革命的火种,创造了革命的契机,为今后进一步的革命积聚了必不可少的精神力量,因此,他所有的革命行为也是十分必要的。几十年后,人们终于认识到了他所做的一切数学工作都是正确的,他的英名也随着人们的不断发现而流芳百世。伽罗瓦终于实现了他所追求的人生价值和意义。

他如同一把利剑、一颗奇星。正因为他太锋利、太耀眼了,他在创造新世界的同时,也被混沌顽固的旧世界所伤害,但他毫不畏惧、英勇顽强地抗争着,一直战斗到生命的最后一刻。他带着一颗伤痕累累的心、一个流着鲜血的身躯远去了。走时,人们对他褒贬不一,社会不接纳他,政府排斥和迫害他;但今日,人们以最真挚的情感赞美他、感激他,感谢他为人类科学所做出的重大贡献。他或许并不完美,但这无法减弱这颗奇星带给人类的灿烂耀眼的光芒。让我们永远铭记这位天才奇星的名字:伽罗瓦。

第六章 伽罗瓦的数学成就

1. 伽罗瓦的数学著作

伽罗瓦的数学著作，至少是保存下来的，一共只有 60 页，他的每一部著作（论文），仿佛都是一次大胆的，新的探索和跃进，先前已达到的高度又被后面更加高深的内容所代替。从他的著作中可以看到，伽罗瓦具有惊人的洞察力，他的思维具有高度的前瞻性和目的性。他的著作分别发表在如下刊物上。

伽罗瓦生前发表的著作有：

(1)《证实一项循环连分数定理》,埃瓦里斯特·伽罗瓦,路易-勒-格兰中学学生。

发表在蒙彼利埃科学教授 J. D. 热尔贡出版的定期文集《纯粹与应用数学年鉴》第 19 卷 294 页,1828—1829 年。

(2)《分析方面若干问题的笔记》,埃瓦里斯特·伽罗瓦,师范大学学生。

发表在上述杂志等 21 卷,1830—1831 年。

注:蒙彼利埃是法国南部一个城市的名称。

热尔贡是法国著名的数学家。他是第一个数学杂志的创办人。《纯粹与应用数学年鉴》是热尔贡在 1818 年所创办的法国第一个专业性数学杂志,很具权威性。

(3)《一份有关解代数方程的研究报告的分析》,埃·伽罗瓦。

发表在费律萨克出版的《数学、物理和化学通报》1830 年 4 月第 271 页。

(4)《有关解代数方程的笔记》《有关数论的笔记》,埃·伽罗瓦。

发表在上述杂志 1830 年 6 月第 413 页和第 428

页。

伽罗瓦去世后发表的著作有：

(1)1846 年在约瑟夫·刘维尔创办的《纯粹与应用数学杂志》第 10 卷第 381 至 444 页上发表的有如下内容：

①伽罗瓦生前已发表过的上述文字；

②致奥古斯特·舍瓦烈的信；

③关于根式可解方程之条件的研究报告；

④根式可解的方程。

(2)埃·伽罗瓦数学作品集。1897 年由埃米尔·皮卡尔作序，以法国数学协会的名义交哥底叶-威腊尔父子出版社出版。1951 年又以新版本出版。

(3)未收入数学作品集的伽罗瓦的个别数学笔记，由朱利·汤内里发表在《数学通报》第 2 集第 30 至 31 卷，1906—1097 年。这些笔记于 1908 年以单行本形式出版，定名为《埃瓦里斯特·伽罗瓦手稿》，由哥底叶-威腊尔父子出版社出版。

2. 伽罗瓦的数学贡献

将伽罗瓦的数学著作归纳起来，他在数学方面主要做了以下几项重要的创新与突破。

(1)他的第一个突破是对代数方程根式解问题的解决。

所谓代数方程就是系数用字母表示的方程，例如

$$a_0x^n+a_1x^{n-1}+a_2x^{n-2}+\cdots+a_{n-1}x+a_n=0$$

称为一元 n 次代数方程，其中 n 为正整数，$a_i(i=0,1,\cdots,n)$是属于数域 S 的常数，称为方程的系数。根式解问题是指如何把方程的根用公式表达出来。代数方程的根式解问题就是研究一般代数方程的根是否可以用公式表达出来，而公式中的字母是由方程的系数组成的。具体地说，如果一个方程的根能够由方程的系数经过有限次的加、减、乘、除及开方运算而得出，那么，就称这个方程可以用代数方法求解。由这种方法所得到的解就称为代数方程的根式

解。因为二次以上的代数方程在利用公式求解时总要涉及开方运算,所以取名为根式解。求代数方程的根式解也称为用代数方法求解。

讨论一个一般代数方程是否有根式解,这个问题在一次至三次方程中已可公式化,四次方程可通过递推公式将其降次,然后用较低次方程的公式求解。也就是说一次至四次方程的根式解已经找到,那么,对于五次及五次以上的一般代数方程是否有根式解呢?这个问题早在1824年阿贝尔就已猜想到了它们没有根式解,但没有找到理论依据来证明这个结论是正确的。而伽罗瓦恰好从五次方程是否有根式解的问题出发,通过群的思想和理论解决了这一长期困惑数学家们的重大问题,他证明了五次及五次以上的一般代数方程没有根式解。这是伽罗瓦的一大发现。

(2)他的第二个突破,即为数学做出的最大贡献是创立了群的理论以及与之密切相关的思想和方法。

在讨论代数方程根式解的问题中,原有的数学理论已无能为力。于是伽罗瓦在解决这一问题的同时创立了群的理论。他首先建立了许多群的概念，如“子群”“复群”等，而这其中最主要的是正规子群（不变子群或自共轭子群）概念，以及两个群之间的同构概念，并明确指出正规子群所具有的性质和作用，进而建立了扩张域、置换群等理论，即后来所说的伽罗瓦扩张域、伽罗瓦群理论，最终发现了一个重要的准则，即伽罗瓦基本定理。他所创立的这套重要理论后来被称为“伽罗瓦群论”。

正是这套理论创立了近世代数学（抽象代数学），把代数学的研究推向了一个新的里程碑。同时，这套理论为数学研究工作提供了一个崭新的数学工具——群论。这一工具的使用，对数学分析、几何学的发展都产生了重大的影响，并标志着数学发展现代阶段的开始，而且对力学、物理学的发展也产生了巨大的影响。伽罗瓦不仅创造了这套理论，而且也是第一个充分预见到这套理论在科学发展中所具有的重大意义的先驱。

（3）他的第三个突破是他把群的理论应用到解决初等数学问题中。

伽罗瓦为几何作图问题提供了可作图性的一个

判别法,并运用此判别法简明而巧妙地证明了两个著名的几何作图问题:一个是三等分角问题,即用直尺和圆规不能三等分任意角;另一个是化圆为方问题,即用直尺和圆规不能作正方形使其面积等于已知圆的面积。

第七章 群论的产生

1. 建立群论的意义

伽罗瓦在圣佩拉吉监狱为他的著作(论文)所写的序中这样说道:“使计算听命于自己的意志,把数学运算归类,学会按照难易程度,而不是按照它们的外部特征加以分类——这就是我所理解的未来数学家的任务,也是我所要走的道路。”这句话明确地指出了建立群论的意义。群论要研究的不是某个具体数学问题本身,而是先将这些数学问题进行归类,把他们划为一个“群”,即把具有同样性质的数学问题放在一起,组成一个“家族”,然后去研究整个“家族”所具有的性质和规律,从而解决个别数学问题。

群是具有某种共同特性的对象的总和。例如，可用实数作为这些对象，实数群的共同特性在于，如果令群中的任何两个元相乘，则其积仍为实数。再如，在几何学中，我们研究平面位移，就可以把平面位移作为对象，在这种情况下，位移如同实数，而群的性质则表现为，任何两个位移之和仍为一个新的位移。由上面的实例可以体会到，这种“对象”不仅可以是数、平移，而且可以是某种运算。也就是说，我们可以选择某些对象的运算自身作为“对象”。在这种情况下，群的主要特征则表现为，任意两种运算的结合也是一种运算。我们称之为运算群。

伽罗瓦正是从事这种研究。他在分析如何求代数方程的根式解时，首先把某种运算群与这个方程联系起来，然后证明方程的特性可以和该群的某一特点相对应。这样，既然不同的方程可以“有”同一个群，那么，无须研究所有这些方程，而只需研究与之相对应的群就可以了。正是这一发现开辟了数学发展的新时代，它摆脱了传统数学的阶段，标志着数学发展的现代阶段的开始。

群的最大特点是它的运算对象的抽象性。即不论群由什么具体的“对象”所组成,在运算时都可以看成群中不具有任何特征的抽象的对象。要想说明某种“对象”的总和是否组成了一个“群”,只要应用群所遵循的共同规则加以测定就可以了。我们把这些规则称为群的公理。群论就是依据这些公理并运用逻辑的方法而建立起来的理论。更重要的是,在群论中,不论对象的本身,还是对这些对象所进行的运算,都不是具体的,而只是对其进行抽象的讨论。正如伽罗瓦所指出的那样,数学家不必去进行计算,而只要预见到如何计算就行了。他说:“终有一天,数学家必将能够如此清楚地对代数变换做出预见,以致不必再去花时间和纸张来认真进行计算。”这样,要想研究任何特殊的、具体的问题,只需将它们和群中的对象相对应,然后根据群的一般理论来研究,就可以预见到它们所具有的特性,从而将特殊的、具体的问题加以解决。由此可知,群论显然是简捷地、迅速地处理问题的“方法”。同时,群论建立的另一个重要意义在于,它为科学研究工作提供了一个崭新的数学工具,使得其他科学可以在群论的基础上得到新的发展。

群论的建立,还有一个重大的意义,就是它为数学本身提供了一种新的数学语言系统。利用这一语言系统,数学家们就可以摆脱研究大量的各式各样理论的繁重负担,而只要指出这些理论是正确的和可能的就行了。因为所要研究的那些理论就其本质而言都是十分类似的,所以用同样的一句话就足以表达它们。伽罗瓦对自己的工作是这样评价的:“我在这里进行分析之分析。”从中表明他竭力想使这些新的、像词汇表一样具有实用意义的基元得到使用。因此,我们说群论首先是对数学语言的整理。对于这种整理的重要意义,伽罗瓦一针见血地指出:“我并非断言,除了这种预见之外,分析不能有其他新成就,但我认为,如果没有这种辅助工具,有朝一日,全部分析方法都将成为徒劳无益的东西。”伽罗瓦以椭圆函数为例进一步指出:“现在已知的最复杂的变换(椭圆函数),只不过被看作十分有益的甚至必不可少的,但究竟是个别的情况,因此拒绝作进一步的更广泛的探讨将是一种不可挽救的错误。总有一天,在这个初具轮廓的高等分析中所提到的变换,将真正得到实现,并且是按照难易程度,而不是按照这里出现的函数形式予以分类。”

2. 群论的形成

群的概念是在伽罗瓦著作提出之前不久才出现的。那时，它仅仅是一个数学名词而已，如同一个没有灵魂的躯体。正是伽罗瓦使它具有了生命，他的革命性和独创性又赋予群的理论以必要的完整性，并且将此理论进行了富有成效的应用。因此，伽罗瓦被称为群论的真正创始人。

下面，我们来回忆一下群论的产生和形成过程，以便更深刻地理解伽罗瓦的革命性和创造性。

在伽罗瓦以前，法国数学家拉格朗日在 1771 年发表的论文《关于方程的代数解法的研究》中，发现了置换对解的影响，并指出五次方程不可能有根式解。这时已蕴含了群论思想的萌芽。后来，德国数学家高斯在这方面也有过相应论述。法国数学家柯西在他的著作中对置换理论也有过专门的研究。伽罗瓦从 15 岁开始研究数学时起，便认真地阅读和研究拉格朗日、高斯和柯西的著作,从他们的著作中汲取知识和营养。所以,伽罗瓦最初的研究受到了上述各位大师的影响,在他们的研究成果的基础上,在他们的数学思想与方法的启发下,开始了对群论的研究。而挪威数学家阿贝尔与伽罗瓦一样,受到上述各位大师的启示,也开展了对方程可解性的研究。但他们是各自独立进行的。所以伽罗瓦在 1829 年 5 月曾递交给法国科学院的论文所宣布的主要结果,已被阿贝尔早他一步而得到。尽管这样,起码可以证明一点,伽罗瓦的研究进展与阿贝尔的水平很相似,阿贝尔很不幸,1829 年 4 月 6 日就在贫病交加中死去了,也就是当伽罗瓦将论文递交法国科学院之际阿贝尔已经去世。伽罗瓦决心继续阿贝尔的研究,将方程可解性问题彻底解决。他在 1829 年下半年得知阿贝尔将自己的许多发现发表在克雷尔主办的著名数学杂志《数学理论与应用杂志》上,这是在伽罗瓦逝世前几天整理后发表的。阿贝尔的一生也很不走运,他大学毕业后,在 1825 年就离开挪威去柏林寻找工作,寻找能赏识自己数学才能的人。在那里,他结识了克雷尔,并建议克雷尔创办了《数学理论与应用杂志》,在这个杂志的前三卷上,阿贝尔发表了22篇论文,这些论文包括“方程论”“无穷级数”“椭圆函数论”等数学理论的研究。可是,阿贝尔在欧洲大陆一直也没寻找到一份合适的工作,这时他的身体也越来越坏,于是在1827年他贫病交迫地回到了挪威。一年以后,不到27岁的阿贝尔就病逝了。在他病逝的第二天,克雷尔的来信寄到了他的住所,信中通知他已经被柏林大学任命为教授,让他立即动身赴任。可是,这一切都来得太晚了。

伽罗瓦在自己和阿贝尔研究的基础上,继续深入研究,在对群论的进一步深入研究中,伽罗瓦对代数方程理论的解释远远超过了阿贝尔所发表的结果。不仅如此,而且从1830年初开始,伽罗瓦的大部分研究转向了由阿贝尔和雅可比开创的其他一些新的方向,特别是椭圆函数论以及关于某些类型积分的理论。

伽罗瓦在代数方程研究中的进展是以两篇综合研究论文为标志的。一篇是在1830年2月为取得法国科学院大奖而写,后将其摘要于1830年4月发表在《数学科学通报》上。这篇摘要的发表足以证明他已取得了超出阿贝尔的最新论文的重大发展，但是要得到全面的解决还有不少障碍需要逾越。这时，在《数学理论与应用杂志》上发表了阿贝尔生前工作的一些片断，其中有一些更新的结果。这激励了伽罗瓦努力继续去克服遗留下来的困难，并重新修改了论文，这就是他向法国科学院提交的"关于代数方程的求解"修改稿的目的。

他提交到法国科学院的上述论文不仅没有得到肯定和重视，反而遭到了泊松等人不屑一顾的批评。尽管这样，伽罗瓦一直坚信他自己对代数方程可解性问题已经得到了一个明确的解决，他所坚持的观点后来被证明是正确的，他当时确实是简单而明确地解决了这一棘手问题。他在决斗的前夜，又将这篇论文做了进一步的整理，而且在遗嘱中写明，这篇论文应放在他所有著作的首位。这其中他继续了前人的研究，同时做出了全新的工作，即建立了群的理论体系及群论的数学思想。下面我们就循着代数方程可解性问题的研究，来揭开"群论"的面纱。

拉格朗日已经做了这样一项工作，他证明了一个代数方程的可解性依赖于是否能找出一系列二项型的中间方程，即预解方程。依靠这一理论根据，他成功地找到了一般二次、三次和四次方程的经典求根公式，但是对于一般的五次方程，他没能得出任何明确的结果，即究竟有没有求根公式或根式解的问题，他无法给出明确的结论。关于一般的五次代数方程是否有根式解的结论是由意大利数学家鲁菲尼给出的，他明确指出：一般的五次代数方程不可能有根式解。后来，在1824年又被阿贝尔以更为满意的方式给出。这期间，在1801年高斯发表了二次方程和本原单位根的重要研究，在1815年柯西对一种未来群论的特殊形式置换理论做出了重要贡献。

伽罗瓦发展了阿贝尔的思想。他考虑到对于每一个预解方程都伴随着一个代数数的域，这个域介于给定方程的根所产生的域以及由这个方程的系数所决定的域之间。而他的主要贡献是成功地对给定的方程以及对有关的不同中间域给出一个群的序列，使得方程所伴随的一串域能与这一个群的序列相对应，每一个域对应着一个群，通过群的关系来揭示域的关系。伽罗瓦所找到的这一个群的序列具有一个非常好的关系，就是后一个群都是前一个群的真子群。下面要做的主要工作是需要进行群论的探索性研究。伽罗瓦也因此被公认为群论的创始人。

伽罗瓦证明了这样一个事实,一个不可约的代数方程具有根式解的必要和充分条件是它的群是一个可解群,也就是具有由真子群所形成的一个合成系列,而这些真子群是具有确定性质的。虽然这个一般的规则事实上不能使一个具体方程的求解问题变得简单,但它确实给我们提供了一个有效的方法,用它就可以直接阐明五次及五次以上的一般代数方程不可能有根式解,因为与之伴随的群(几个对象的置换群)是不可解的。伽罗瓦在解决这个问题的同时已经意识到,他所得到的群的理论已经远远超出了代数方程的求解问题,而可以推广到其他不同的数学领域中。

在伽罗瓦的遗嘱信中,他简述了第二篇论文,这篇论文论述了方程理论和群论的一些成果及应用。数的理论就是应用这些理论所得到的一个直接的成果,特别是在这其中他所使用的新的数,后来被称为伽罗瓦虚数,对同余理论作了一个大胆的推广,并将它应用于研究一个本原方程可用根式求解的情况。

在这篇论文中,他除了给出群的分解的精确定义之外,还包括了伽罗瓦理论对椭圆函数的应用。在处理由这些函数的相除和变换所得到的代数方程中,文章未加证明地列出了以周期的商为变量的模方程的结果。后人证明了这一预见性结果的正确性。

伽罗瓦在决斗前夜的遗嘱信中提到的第三篇论文,只能通过这篇深深打动人的文献所载的资料来了解,这些资料极为清晰地表明,像阿贝尔和雅可比那样,伽罗瓦通过对椭圆函数的研究来考虑最一般的代数微分的积分,即现在所说的阿贝尔积分。似乎他在这一领域的研究已经相当先进,因为信中总结了他已取得的结果,特别是他将这些积分划分成三类的分类法。后来德国数学家黎曼在1857年也得到了这一结果。在这封遗嘱信中,伽罗瓦还提到了他最近正在考虑题为"隐含的卓越的分析应用理论"的文章,但因这个暗示太笼统,以至于我们现在对它仍难以给出明确的解释。

第八章　群论简介

1. 群的定义

我们对群的认识，首先应该知道它是数学中的一个系统。而数学中的系统主要由两部分组成，一个是系统中所包含的元素；另一个是对这些元素所定义的一种运算。

例如：

(a)①元素是一切整数；

②运算是加法。

(b)①元素是一切有理数；

②运算是乘法。

在一些系统中，它的元素不一定是数，运算也不一定定义为四则运算。

例如：

(c)①元素是某几个文字(如 x_1, x_2, x_3)的置换；

②运算是将一个置换跟着另一个置换。

这是以置换作为元素，以置换关系作为运算的一种数学系统。

(d)①元素是圆的旋转，旋转角度是60°或者60°的倍数；

②运算是将一个旋转跟着另一个旋转。

这种系统如果能满足下列四条性质，我们就称为群(Group)：

1. 系统中的任意两个元素，用所规定的运算结合时，所得的结果仍是系统中的一个元素。

例如：

在(a)中，一个整数加到另一个整数上的结果还是一个整数。

在(b)中，两个有理数相乘的结果还是一个有理数。

而在(c)中，设有一个置换将 x_1 用 x_2 来代替，记作 $x_1 \to x_2$，类似地，$x_2 \to x_3$，$x_3 \to x_1$，也就是将

$$x_1 \quad x_2 \quad x_3$$

换作

$$x_2 \quad x_3 \quad x_1$$

若在这一个置换之后跟着另一个置换,假设另一个置换是 $x_2 \to x_3, x_3 \to x_1, x_1 \to x_2$,那么,这两个置换结合的结果仍是一个置换。它是将

$$x_1 \quad x_2 \quad x_3$$

换作

$$x_3 \quad x_1 \quad x_2$$

的置换。

同样,我们可以看到,在(d)中,设在一个60°的旋转(逆时针方向)之后,跟着一个120°的旋转(逆时针方向),其结果是一个180°的逆时针旋转。

2. 系统中必须含有单位元素。即单位元素与系统中任意其他元素结合后,仍为那个元素本身。

例如:

在(a)中,单元元素是0。因为0与任一整数相加的结果仍为那个整数。

在(b)中,单位元素是1。因为任意一个有理数与1相乘后的积还是那个有理数。

在(c)中，单位元素是置换：$x_1 \to x_1, x_2 \to x_2, x_3 \to x_3$。因为任何一个置换和这个置换结合的结果还是那个置换。

而在(d)中，单位元素应为360°旋转。因为系统中的任意一个旋转和这个旋转结合的结果还是那个旋转。

3. 系统中的每个元素都必须有逆元素。所谓一个元素的逆元素是这样规定的：一个元素和它的逆元素用系统中的运算结合的结果是单位元素。

例如：

在(a)中，3 的逆元素是 -3。因为 3 加 -3 的和是 0。

在(b)中，$\frac{n}{m}$的逆元素是$\frac{m}{n}(m, n \neq 0)$。因为$\frac{n}{m}$与$\frac{m}{n}$相乘的积为 1

在(c)中，将 $x_1 \to x_2, x_2 \to x_3, x_3 \to x_1$ 的置换的逆元素就是将 $x_2 \to x_1, x_3 \to x_2, x_1 \to x_3$ 的置换。因为这两个置换结合的结果就是将 $x_1 \to x_1, x_2 \to x_2, x_3 \to x_3$ 的置换。

在(d)中，如果我们规定按逆时针方向旋转的角度为正，按顺时针方向旋转的角度为负，那么60°旋转的逆元素是-60°旋转。因为这两个旋转结合的结果和360°旋转的结果一样。

4.结合律必须成立。

所谓结合律是指：

设a,b,c是系统中的任意三个元素，以记号“·”表示系统中的运算，那么结合律则是

$$(a\cdot b)\cdot c=a\cdot(b\cdot c)$$

例如，在(a)中

$$(3+4)+5=3+(4+5)$$

一般地，任取(a)中的三个元素，上述规律同样成立。所以结合律在(a)中成立。

同理，结合律在(b)，(c)，(d)中都成立。

这就是群的定义。由群的定义可得，(a)，(b)，(c)，(d)四个系统都可称为群。我们看到，在群的定义中以上四条缺一不可。如果缺少了任何一条，这个系统都不能称为群。

例如：

在(a)中，如果把单位元素0去掉，(a)就变成了

不含 0 元素的整数集合，那么，这个集合（系统）就不能称为群。因为在这个系统中缺少了单位元素，因此不满足群的定义中的第 2 条。

由此，我们可以看到一个系统是否成为群，取决于两个因素：一是它的元素，二是它的运算。当然，这里的元素不一定非得是数，它可以是一种运动，如 (d) 中的元素就是旋转，或是其他可定义的东西。也就是说，我们不限定数学的对象只有数，这样就可以利用数学研究其他领域。而且运算也不一定是平常的代数运算。它可以是一种作用方法。但在群中，为了使运算的称呼得到统一，我们不管它是什么意义的运算，都统称为“乘法”。当然，这个“乘法”不是普通代数意义下的乘法那么单纯。在具体的实际问题中，它表示具体的作用方法。

因为群的乘法意义具有特殊的规定性，所以在普通乘法意义下所满足的一些性质就不一定成立了。例如，普通数学中的乘法满足交换律

$$a \cdot b = b \cdot a$$

但在群中，乘法就不满足交换律了。例如，在 (c) 中，如果我们定义置换 $a: x_1 \to x_3, x_2 \to x_2, x_3 \to x_1$；置换

$b: x_1 \to x_2, x_2 \to x_3, x_3 \to x_1$,那么对下列式子

$$x_1x_2 + x_3$$

先施行置换 a,再施行置换 b,则得:

对于 a

$$x_1x_2 + x_3 \to x_3x_2 + x_1$$

再对于 b

$$x_3x_2 + x_1 \to x_1x_3 + x_2$$

如果我们将实施的顺序调换一下,先施行置换 b,再施行置换 a,则有:

对于 b

$$x_1x_2 + x_3 \to x_2x_3 + x_1$$

再对于 a

$$x_2x_3 + x_1 \to x_2x_1 + x_3$$

显然,两个最终结果 $x_1x_3 + x_2$ 与 $x_2x_1 + x_3$ 不同。

这说明,群的运算不合适交换律。因此,在进行运算时,两个元素的顺序不能交换,只能按照给定的次序进行“乘法”运算。

我们看到,在(c)中,关于置换的记法尽管比完全用语言来叙述简单,但还是显得麻烦,于是我们再引入一个更简便的记法,因为这种类型的群在后面

的讨论中至关重要。

在(c)中,我们可将置换:$x_1 \to x_2, x_2 \to x_3, x_3 \to x_1$,记作

$$(1\quad 2\quad 3)\text{或}(123)$$

这种记法是省去 x,而将变换的顺序用序号表出即可。在数学中,我们常用一种数学符号来表达一种数学事实,这就是数学语言。

用这种记法,我们可以将上述介绍的置换:$x_1 \to x_3, x_3 \to x_2, x_2 \to x_1$,记作

$$(1\quad 3\quad 2)\text{或}(132)$$

可将置换:$x_1 \to x_3, x_3 \to x_1, x_2 \to x_2$,记作

$$(13)(2)\text{或}(13)$$

对于前面提到交换律时所介绍的例子,若按照第一种次序,则可简记为

$$(13)(123)=(23)$$

若按照第二种次序,则可简记为

$$(123)(13)=(12)$$

由这种记法,我们更清楚地看到,上面这个例子所做的乘法运算不满足交换律,将一个元素右乘或左乘另一个元素,其结果不能保证相同。

2. 形形色色的群

我们首先介绍子群的概念。

定义1 如果一个群的一部分元素自己可以形成一个群，那么，这个群就被称为原来那个群的子群。

例如，我们看前一节例(a)中，一切整数对于加法而言已构成群。如果我们把这个集合中的一切偶数放在一起，作为一个集合，那么，这个集合对于加法也构成一个群。因为在偶数集中，群的四条性质都能得到满足：

1. 两个偶数之和仍为偶数。

2. 0为单位元。

3. 每一个偶数都以它的相反数作为逆元；

4. 结合律成立。

所以，偶数集对于加法构成一个群，而这个群是由整数对于加法所构成群的子群。

一个以置换为元素的群，我们称之为置换群。

仿照上面的做法，一个置换群也可以有子群。例如，我们将以下六个置换1，(12)，(123)，(132)，(13)，(23)放在一起，这里1表示不动置换(即 $x_1 \to x_1, x_2 \to x_2, x_3 \to x_3$)，那么，这六个置换对于置换的乘法就构成一个群。因为群的四条性质都能得到满足：

1. 每两个置换的积所得到的置换仍在其中。

例如

$$(12)(123)=(13)$$

$$(123)(132)=1$$

$$(13)(23)=(123)$$

$$(123)(123)=(132)$$

等。我们看到，所得的结果都是这六个置换中的一个。

2. 单位元素是1

3. 每个置换的逆元素就是这个置换的逆置换。我们可以得到在这六个置换中，它们的逆元素仍在其中。例如，(123)的逆元素是(132)，(12)的逆元素是(12)。

4. 容易验证，结合律也成立。

所以，由上述六个置换组成的集合对于置换的乘法构成群。下面我们来寻找它的子群。

现在从中取出置换 1 和(12),我们可以如上验证这两个置换也构成一个群,它就是原来那个群的子群。

关于子群,我们可以得到下面一个定理。

定理 设群 G 中元素的个数为 n,G 的子群 H 中元素的个数为 r,则 r 能整除 n,即 r 是 n 的约数。

由于子群具有这样的性质,所以也将子群称为约群。这一性质非常重要,后面我们将深深地体会到。

下面我们来介绍一种最重要的子群——不变子群。为此,先给出预备知识:变形的概念。

先看一个例子:

设有一个元素(12),我们用(123)去右乘它,再用(123)的逆元(132)去左乘它,如此所得的结果是

$$(132)(12)(123)=(23)$$

这个结果(23)被称为(12)应用(123)的变形。

一般地,我们可得到变形的定义:

定义 2 设 a,b 为群 G 中的元素,b 的逆元为 b^{-1},则元素 $b^{-1}ab$ 被称为 a 应用 b 的变形。

由群的定义可知,b^{-1},$b^{-1}ab$ 均是 G 中的元素。利用这种方法来进行分类具有特殊的意义,它可以得到不变子群的概念。

定义 3 设 H 为 G 的一个子群,任取 H 中的元素 p,任取 G 中的元素 a,如果 $a^{-1}pa$ 仍为 H 中的元素,则称 H 为 G 的一个不变子群。

这个定义还可以用下述数学语言来表述:

设 $H \subset G$, $\forall p \in H$, $\forall a \in G$,若 $a^{-1}pa \in H$,则称 H 为 G 的一个不变子群。

根据子群的定义,一个群可以看作是它自己的子群。而我们引入子群的意义并不是要讨论原来的群,而是要研究比原来的群小的子群,我们称之为真子群。

定义 4 设 H 为群 G 的子群,H 中的元素个数为 r,G 中的元素个数为 n,若 $r < n$,则称 H 为 G 的真子群。

通过对子群的讨论,我们还可以看到一个事实:一个群的真子群未必只有一个,它可以有多个。那么,这些真子群就可以按所含元素个数的多少进行大小排列。而所含元素个数最多的那一个就可称它为极大真子群，而且这些真子群是从大到小包含的，即小的是大的真子群。

定义5　设群 G 中有 m 个真子群，它们的大小排列顺序为 $H_1, H_2, \cdots, H_m$，则有

$$H_1 \subset H_2 \subset \cdots \subset H_m \subset G$$

这时称 H_m 为 G 的极大真子群。

同样，我们可以定义极大不变真子群。

定义6　设群 G 中有 p 个不变真子群，它们的大小排列顺序为 $H_1, H_2, \cdots, H_p$，则有

$$H_1 \subset H_2 \subset \cdots \subset H_p \subset G$$

这时称 H_p 为 G 的极大不变真子群。

极大不变真子群在讨论代数方程的解中起着至关重要的作用。为进一步研究，我们来定义组合因数。从定义6中我们可以得到，每一个 H_{i-1} 都是 H_i $(i=2,3,\cdots,p)$ 的极大不变真子群。

定义7　设群 G 中有 p 个不变真子群，且

$$H_1 \subset H_2 \subset \cdots \subset H_p \subset G$$

若 G 中有 n 个元素，H_j 中有 n_j 个元素$(j=1,\cdots,p)$，可得

$$K_1=\frac{n}{n_p},K_2=\frac{n_p}{n_{p-1}},K_3=\frac{n_{p-1}}{n_{p-2}},\cdots,K_p=\frac{n_2}{n_1}$$

则 $K_1,K_2,\cdots,K_p$ 被称为 G 的组合因数。

实际上,我们很容易得到,群 G 中最小的那个不变真子群 H_1 是由单位元 1 组成的。所以,它的元素个数 $n_1=1$。下面我们再给出一个最重要的群。

定义 8 若群 G 中的组合因数 $K_1,K_2,\cdots,K_p$ 都是素数,则称 G 为一个可解群。

“可解”的意义就是来源于代数方程的可解性而得名的。由此,我们离方程可解性的讨论已经不远了。再做一点努力就可达到了。下面我们给出循环群的定义。

定义 9 设群 K 的一切元素都是由其中的某一个元素(这个元素不是单位元)的乘幂而得到的,那么群 K 被称为循环群。

例如,下列元素 1,(123),(132)组成一个群,这个群中的元素就是由置换(123)的乘幂而得到的

$$(123)^1=(123)$$

$$(123)^2=(123)(123)=(132)$$

$$(123)^3=(123)(123)(123)=1$$

所以 1,(123),(132)是一个循环群。

定义 10 在一个置换群中,对于每一个置换,若将 x_i 换为 x_j 有且只有一次,那么,这个群被称为正置换群。

例如,上述的群 1,(123),(132)就是一个正置换群,它的每一个置换只将 x_i 变换一次,而且每一个 $x_i(i=1,2,3)$都被变换一次。而且这个群还是一个正循环群。

正循环群的概念十分重要,在以后的讨论中都离不开它。

关于群的理论,我们基本上准备就绪,下面主要是通过上述理论来解决我们最初提出的问题,即方程的可解性问题。

3. 群与代数方程的可解性

首先,我们来认识一下数域。

定义 1 如果一个数集满足下列两个条件,则称这个数集为一个数域:

(1)集中有不等于零的数;

(2)对集内任意两个数的和、差、积、商(零不能做除数)仍为集内的数,这就是说,集内的数对于四则运算是封闭的。

由此可得,有理数集、实数集、复数集都是数域。

这样,对一个代数式来说,我们说它可以分解因式(可约的)或不可以分解因式(不可约的),要看在什么数域上讨论。

例如

$$x^2+1$$

在实数域上是不可约的,但在复数域上则是可约的。因为

$$x^2+1=(x+\mathrm{i})(x-\mathrm{i})$$

现在我们来看方程式,要想讨论一个方程式的解,首先要确定这个方程是在哪个数域中定义的。

关于方程与群的关系,我们有下面的结论。

定理 1 对于一个给定的数域,每一个方程都有一个群与之对应。

例如,设三次方程

$$ax^3+bx^2+cx+d=0$$

在给定的数域中有三个不想等的根 x_1, x_2, x_3。以这三个根为自变量任意构造一个函数，比如

$$x_1x_2 + x_3$$

下面我们来考虑这样一个问题，在这个函数中，我们若将 x_1, x_2, x_3 的位置互换，那么，一共会有多少种置换呢？通过实验，可以得到以下6种置换

$$1, (12), (13), (23), (123), (132)$$

也就是说，这三个 x 一共有 $3!$ 种可能的置换。

同理可得，对于4个 x，可有 $4!$ 种可能的置换。

对于一般情形，若有 n 个不同的 x，就有 $n!$ 种可能的置换。

这里应当注意的是，一个函数在施行某个置换的时候，函数的值可能改变，也可能不改变。我们所关心的是，当给定一个置换时，函数的值一定改变的情形。为此，我们定义伽罗瓦函数。

定义2 设一个 n 次方程有 n 个不同的根

$$x_1, x_2, \cdots, x_n$$

由这些根所构成的函数

$$V_1 = m_1x_1 + m_2x_2 + \cdots + m_nx_n$$

称为伽罗瓦函数，其中 $m_i(i = 1, 2, \cdots, n)$ 为数域 F 中

的值。

我们可以证明这样一个事实：

定理2 在伽罗瓦函数 V_1 中，一定可以适当地选择 $m_i(i=1,2,\cdots,n)$，使得 $x_i(i=1,2,\cdots,n)$ 的每一种置换都能改变 V_1 的值。这样，当 x 取各种可能的置换时，伽罗瓦函数 V_1 就有 $n!$ 个不同的值。用

$$V_1, V_2, \cdots, V_{n!}$$

来表示这些不同的值。

下面，我们给出变量 y，并做出函数

$$P(y) \equiv (y-V_1)(y-V_2)\cdots(y-V_{n!})$$

假设 $P(y)$ 在给定的数域 F 中分解因式时，包含 V_1 而在 F 中不可约的部分是

$$(y-V_1)(y-V_2)$$

或

$$y^2-(V_1+V_2)y+V_1V_2$$

则在这个函数中，由不动置换和将 V_1, V_2 互换的关于 x 的置换，可构成一个群。这个结论是可以证明的。我们就称这个群为方程式在数域 F 中的群。

如果将这个群中的置换施行于函数

$$y^2-(V_1+V_2)y+V_1V_2$$

显然函数值不变。

同理,若 $P(y)$ 中包含 V_1 的不可约部分也含有 V_2 和 V_3,那么,方程式在数域 F 中的群就是使这个不可约部分不变的置换构成的群。因此有下面的定义:

定义 3 一个方程式在给定数域中的群是由 $P(y)$ 中包含 V_1 的不可约部分 $G(y)$ 所决定的,称方程式

$$G(y)=0$$

为伽罗瓦分解式。

下面我们来研究另一个问题。

在一个给定的数域中,将一个代数式进行因式分解,到了不能再分解的时候,如果我们将数域扩大,往往又可以继续分解。

例如,对于代数式

$$(x^2+1)(x^2-3)(x^2-1)$$

如果在有理数域范围内,(x^2+1) 和 (x^2-3) 不能再分解因式了。如果将数域扩大为实数域,只有 (x^2+1) 是不可约的了。如果将数域扩大到复数域,那么上式就全部都是可约的了。

这个事实告诉我们：扩大数域以后，可以将方程式的群变小。

这是一个非常重要的事实。

这样就有可能出现这种情况，对于一般的 n 次方程，在一个包含它的系数的数域中，$P(y)$ 可能是完全不可约的。这时，此方程在这个数域中的群就应该含有一切可能的 $n!$ 种置换。

我们可以证明下面的结论：

定理 3　如果由方程的根所构成的任意一个函数的值都在某个数域中，那么，这个方程在这个数域中的群的一切置换都不改变这个函数的值。而且，如果有一个函数的值不在这个数域中，那么，这个群中至少有一个置换，使得它能够改变这个函数的值。

这一性质非常重要，它可以使我们不必很麻烦地去找伽罗瓦分解式，就可以求出一个方程在某个给定的数域中的群。

例如，二次方程

$$x^2+3x+1=0$$

有两个根 x_1,x_2。因为它只有两个根，所以可能的置换只有 1 和(12)两种。所以这个方程的群是 1 或者是 1,(12)。这取决于所给定的数域。

现在取函数

$$x_1 - x_2$$

由一元二次方程求根公式可知

$$x_1 - x_2 = \sqrt{b^2 - 4ac} = \sqrt{5}$$

如果,所讨论的数域是有理数域,那么,这个函数的值不在有理数域中,所以群中必有一个置换能改变这个函数的值。而在 1 和(12)中,只有(12)可改变函数 $x_1 - x_2$ 的值。所以群中必含有(12),因此,这个方程在有理数域中的群是由 1,(12)两个置换所构成的。

如果所讨论的数域是实数域,那么,$\sqrt{5}$ 在这个数域中。所以,群的一切置换都不改变函数 $x_1 - x_2$ 的值,所以,(12)就不能在群中了,因此,这个方程在实数域中的群是由 1 一个置换构成的。

我们再来看一个三次方程

$$x^3 - 3x + 1 = 0$$

设它的三个根为 x_1, x_2, x_3。前面曾经讨论过它至多有 6 种可能的置换,即

1,(12),(13),(23),(123),(132)

现在,来求这个方程在有理数域中的群。

设函数为

$$(x_1-x_2)(x_1-x_3)(x_2-x_3)$$

这种形式的函数在求一个方程的群时很有用。当然,我们也可以用其他函数来求,但不论是用何种函数来求一个方程的群,方程在某一数域中的群都是唯一的。所以,我们在选择函数时尽量使它简单有效。而函数$(x_1-x_2)(x_1-x_3)(x_2-x_3)$就是这样一种函数。

对于一个三次方程

$$x^3+cx+d=0$$

它的根的函数

$$(x_1-x_2)(x_1-x_3)(x_2-x_3)$$

的值是$\pm\sqrt{-4c^3-27d^2}$。本题中$c=-3,d=1$,所以

$$(x_1-x_2)(x_1-x_3)(x_2-x_3)=\pm\sqrt{108-27}=\pm9$$

所以,在有理数域中,群中的一切置换都不能改变这个函数的值。而函数的值因x_1,x_2,x_3的命名不同而不同,或为$+9$,或为-9。若

$$(x_1-x_2)(x_1-x_3)(x_2-x_3)=+9$$

当1,(123),(132)三种置换施行于这个函数时,它的值仍为+9;但若施行其余的三种置换于这个函数时,它的值就变成为-9了。当函数值为-9时也有同样的结果。所以在上述6个置换中,只有1,(123),(132)不改变这个函数的值。

那么,三次方程$x^3-3x+1=0$在有理数域中的群是1,还是1,(123),(132)呢?到目前还不能完全确定,还需要进一步讨论。为此,我们再引入一个函数

$$x_1$$

如果群中只有1一个元素,那么1不会改变函数x_1的值,所以x_1必在有理数域中,同理x_2,x_3也必须是有理数。这意味着$x^3-3x+1=0$的三个根均为有理数,但这是不可能的,因为一个整系数方程的最高次项系数若是1,那么,它的有理根必是整数,而且必是常数项的约数。现在方程$x^3-3x+1=0$的常数项是1,它的约数只有±1,而±1又都不满足方程,所以,这个方程没有有理数根。因此,$x^3-3x+1=0$在有理数域中的群不能只含1一个置换,于是它的群是由

1,(123),(132)三个元素所构成的。

这样,我们利用两个函数

$$(x_1 - x_2)(x_1 - x_3)(x_2 - x_3)$$

和
$$x_1$$

求出了方程 $x^3 - 3x + 1 = 0$ 在有理数域中的群。这个群是由置换 1,(123),(132)三个元素构成的。

至此,我们已经知道了什么叫作一个方程在一个数域中的群,而且更重要的是知道如何去求它。下面我们来讨论它在解方程中的用处。

伽罗瓦证明了这样一个重要的事实:

定理 4　如果一个方程式在一个含有其系数的数域中,它的群是一个可解群,则此方程有根式解,而且仅在这一条件下方程有根式解。

也就是说,一个方程是否有根式解的充要条件是这个方程的群是可解群。

应用伽罗瓦所给的这一重要定理,我们来判定下面几个方程是否有根式解。

(1)对于一般的二次方程

$$ax^2 + bx + c = 0$$

它有两个根 x_1, x_2。此方程在一个含有其系数的数域

中,它的群中的元素只能是1和(12),而这个群的极大不变真子群是1,所以,此群的组合因数是

$$\frac{1}{2}=2$$

2是一个素数,因此,由伽罗瓦定理,凡是一元二次方程都有根式解。

当然,这一事实早在伽罗瓦之前已为人们所知,但是,我们可以看到,应用伽罗瓦所创造的这一定理而得出的结果是多么简单而美妙!

(2)对于一般的三次方程

$$ax^3+bx^2+cx+d=0$$

因为它有三个根 x_1,x_2,x_3,所以在一个含有其系数的数域中,它的群含有

1,(12),(13),(23),(123),(132)

6个置换。此群的极大不变真子群 H 中含有1,(123),(132)三个置换,而 H 的极大不变真子群是1,所以组合因数是

$$\frac{6}{3}=2,\frac{3}{1}=3$$

而2和3都是素数,所以凡是三次方程都有根式解。

(3)对于一般的四次方程

$$ax^4 + bx^3 + cx^2 + dx + e = 0$$

在一个含有其系数的数域中,它的群的元素个数是 $4! = 24$。可以验证这个群的组合因数是

$$2,3,2,2$$

它们都是素数,所以凡是四次方程都有根式解。

那么,对于一般的五次及五次以上的代数方程,是否可以用根式解呢,即是否可用代数方法求解呢?

伽罗瓦证明了这样一个定理

定理5　当 $n > 4$ 时,这个方程在一个含有其系数的数域中,它的群除了群1以外,只有一个元素个数为 $n!/2$ 的不变子群。

利用这个定理就可以回答上述问题。

我们设方程的群为 S_n,它的不变子群为 A_n,则 S_n 中的元素个数为 $n!$,A_n 中的元素个数为 $n!/2$。由定理5可知,A_n 是 S_n 的极大不变子群,1是 A_n 的极大不变子群。所以组合因数为

$$n! \div \frac{n!}{2} = 2, \frac{n!}{2} \div 1 = \frac{n!}{2}$$

这里,2是素数,但当 $n > 4$ 时,$\frac{n!}{2}$ 却不是素数,所以

$n>4$的一般 n 次代数方程没有根式解。

上述结果是对一般的 n 次代数方程($n>4$)而言的。对于某些特殊的 n 次方程($n>4$)也可能有根式解,例如,$x^5-3=0$,它的解是 $x_1=\sqrt[5]{3}$,$x_2=\omega\sqrt[5]{3}$,$x_3=\omega^2\sqrt[5]{3}$,$x_4=\omega^3\sqrt[5]{3}$,$x_5=\omega^4\sqrt[5]{3}$($\omega^5=1$)。

这就是伽罗瓦由问题的提出,到发明创造了群的理论,最后利用群的理论来解决所提出问题的基本过程。我们看到,如果没有群的理论,那么想解决此问题是根本不可能的;而有了群论,它就得到了如此完美的解决。同时,在用群论来解决问题时,我们也深深地感觉到,群论不仅能解决问题,而且解决得异常简练而奇妙,它似乎达到了不能再简练的地步和无法更奇妙的程度,让人叹为观止,也使我们更深刻地体会到了伽罗瓦的伟大与超群。

下面我们来证明定理 4 的正确性。为了不破坏整体性,我们将它的证明放到这里来完成。之所以要做好这个证明,还有另外一个重要意义,那就是证明的本身还给我们提供了如何求出一个方程的根式解,也就是说,这一证明过程同时完成了两项任务,既保证了定理的正确性,又给出了求解的方法。

先考虑一个特殊情况,设方程

$$f(x)=0$$

有 n 个互异的根,而且 F 是由方程的系数和 1 的 n 个 n 次根构成的数域。在 F 中,方程的群 A 是一个元素个数为素数的循环正置换群。通常 1 的 n 次根有 n 个,设 1 的 n 个 n 次根为

$$1,\rho,\rho^2,\cdots,\rho^{n-1}$$

这 n 个 n 次根只包含有理数和有理数倍的根数。例如,1 的立方根为

$$1,-\frac{1}{2}+\frac{1}{2}\sqrt{-3},-\frac{1}{2}-\frac{1}{2}\sqrt{-3}$$

都是有理数和有理数倍的根数。

所以,这种数加入到 F 中后,不会影响到方程有根式解的性质。

因为群 A 是循环正置换群,所以群中的元素都是置换$(123\cdots n)$的乘幂,且这个置换的 n 次乘幂就是不动置换。

现在,我们给出一组 n 元一次方程组

$$x_1+\rho^k x_2+\rho^{2k}x_3+\cdots+\rho^{(n-1)k}x_n=\gamma_k \qquad (1)$$

其中,k 为 0 与 $n-1$ 之间的任何整数。例如:

当 $k=0$ 时,式(1)为

$$x_1+x_2+\cdots+x_n=\gamma_0$$

当 $k=1$ 时,式(1)为

$$x_1+\rho x_2+\rho^2x_3+\cdots+\rho^{(n-1)}x_n=\gamma_1$$

等。

因为一个方程的最高次项系数如果是 1,则它的所有的根之和等于方程式中第二项系数的负值。所以

$$x_1+x_2+\cdots+x_n=-1$$

即 $\gamma_0=-1$。

现在将置换($123\cdots n$)施行于式(1)的左端,则式(1)的左端就变为

$$x_2+\rho^kx_3+\rho^{2k}x_4+\cdots+\rho^{(n-2)k}x_n+\rho^{(n-1)k}x_1 \quad (2)$$

式(2)的结果也可以用另一种方法得到,将式(1)左端乘 ρ^{-k},变为

$$\rho^{-k}x_1+\rho^{k-k}x_3+\rho^{2k-k}x_4+\cdots+\rho^{(n-1)k-k}x_n$$

因为,$\rho^n=1$,所以,有 $\rho^{-k}=\rho^{nk}\cdot\rho^{-k}=\rho^{(n-1)k}$。

因此,有

$$x_2+\rho^kx_3+\rho^{2k}x_4+\cdots+\rho^{(n-2)k}x_n+\rho^{(n-1)k}x_1$$

由此可知,置换

$$(123\cdots n)$$

将 γ_k 的值变为 $\rho^{-k}\gamma_k$。

又因为 $\rho^n=1$,故 $(\gamma_k)^n=(\rho^{-k}\gamma_k)^n$,所以置换 $(123\cdots n)$ 不改变 γ_k^n 的值。

因为,群 A 是循环群,群中的置换都是 $(123\cdots n)$ 的乘幂,所以将群中某一置换施行于 γ_k^n,实际上就是将 $(123\cdots n)$ 重复施行于 γ_k^n。由前述可知,将 $(123\cdots n)$ 施行一次于 γ_k^n 不改变 γ_k^n 的值。所以,将 $(123\cdots n)$ 重复若干次施行于 γ_k^n 也不会改变 γ_k^n 的值。所以,可得群中的其他置换也不改变 γ_k^n 的值。

这样,群 A 中的一切置换都不改变 γ_k^n 的值,所以,γ_k^n 的值必在数域 F 中,因此,γ_k 是 F 中某一个数的 n 次根,即所有 γ 的值都可由根式得到。而由(1)可将 x 用 ρ 和 γ 表出,所以,这组方程式(1)可有根式解。而这些 x 就是方程式 $f(x)=0$ 的根。

这样就证明了:如果方程在数域 F 中的群为元素个数为素数的循环正置换群,则此方程必有根式解。例如,对于方程

$$x^3-3x+1=0$$

在有理数域中的群是1,(123),(132),元素有三个,三是素数,所以这是一个循环正置换群,于是我们可以从

$$x_1+x_2+x_3=0$$

$$x_1+\omega x_2+\omega^2 x_3=\gamma_1$$

$$x_1+\omega^2 x_2+\omega x_3=\gamma_2$$

(ω 是1的一个虚立方根,$\omega^3=1$)这三个方程中解出 $x^3-3x+1=0$ 的三个根。γ_1 与 γ_2 可由数域中的数的根数而得。换句话说,如果把这种根数加入到数域中去,则 x 都存在于扩大了的数域中。

现在,我们来讨论一般的情况,即方程的群仅是可解群而不一定是元素个数为素数的循环正置换群的情况。

它的精确证明过程比较复杂,这里我们只阐述一下证明的总体思路,以帮助大家理解定理。

如果方程

$$f(x)=0$$

在数域 F 中的群 A 为可解群,则 A 的组合因数都是素数,用每一个组合因数作一个辅助方程,辅助方程

的次数为这个组合因数。

因为组合因数是素数,所以每个辅助方程在扩大了的数域中的群所包含的元素个数是素数,因此这个群就是循环正置换群。由前面的讨论可知,它在此数域上有根式解,所以,这些辅助方程在所扩大的数域上都能用根式解,而这些加入到原来数域 F 中的辅助方程的根,只不过是原来数域中的数的根数而已。由此可知,只要方程的群是可解群,这个方程就有根式解。

那么,如何作辅助方程呢?

通常情况下,我们取

$$y^2=(x_1-x_2)^2(x_1-x_3)^2\cdots(x_{n-1}-x_n)^2 \qquad (3)$$

作为第一个辅助方程。此式的右端是所有每两个根之差的平方的积。

如果所求方程的最高次项系数是1,则式(3)的右端为所求方程的判别式。

例如,对于二次方程

$$x^2+bx+c=0$$

它的两个根为 x_1,x_2 则式(3)变为

$$(x_1-x_2)^2=(x_1+x_2)^2-4x_1x_2$$

由根与系数的关系得

$$(x_1 - x_2)^2 = b^2 - 4c$$

这恰是一元二次方程的判别式。

同样,高次方程的判别式也可由系数求得。

现在,对于二次方程,第一个辅助方程的两个根就是判别式的两个平方根,将这两个平方根加入到数域 F 中,得到新的数域 F_1,设二次方根在 F_1 中的群为 H。以同样的方法,用其余的辅助方程继续做下去。

如果我们给出一般三次方程

$$ax^3 + bx^2 + cx + d = 0$$

可按同样的方法做出第一个辅助方程,然后将第一个辅助方程的根加入到原数域 F 中,得到 F_1,方程 F_1 中的群为 H。这时 H 是元素个数为素数的循环正置换群。所以可利用

$$x_1 + x_2 + x_3 = -6$$

$$x_1 + \omega x_2 + \omega^2 x_3 = \gamma_1$$

$$x_1 + \omega^2 x_2 + \omega x_3 = \gamma_2$$

这三个一次方程来解原三次方程，这时的数域是由三次方程的系数和第一个辅助方程的根所构成的。如果再把 γ_1,γ_2 的值也加入到这个数域中，则方程的群就变为 1 也就是说，x_1,x_2,x_3 是在最后经 γ_1,γ_2 加入而扩大成的数域中。

这样，我们就得到了下面的结论：

一个方程如果在由它的系数及 1 的 n 个 n 次根所构成的数域中的群是可解群，则此方程可以用根式解。

当然，如果方程在由自己的系数所构成的数域中的群已经是可解群了，那么，它当然就可以在这个数域中求得根式解。

到此，我们已将群的理论及利用群论求解方程的问题作了初步的讨论。实际上，群论的应用还非常广泛和深刻。正如培尔所说："无论在什么地方，只要能应用群论，从一切纷乱混淆中立刻结晶出简洁与和谐。群的概念是近代科学思想的出色的新工具之一。"下面，我们想列举群论在几何方面的实际应用，这些都是由伽罗瓦亲自实现的。

4. 群论的应用

首先,我们先对尺规作图的可能性进行讨论。

要解决这个问题,首先要弄清一点:单用直尺和圆规可以做些什么样的图形?结论很简单,只能作直线和圆。如果用方程来表示直线和圆,它们应该是什么样的方程呢?当然是一次和二次方程。

那么,要想用直尺和圆规联合起来作图,就是要求这两个方程的交点,它的交点坐标是方程中的系数的函数,这个函数是由系数的四则运算和开平方运算所表示出的函数关系。所以,凡是能用直尺和圆规做出的数量,都可以用有限次的加、减、乘、除和开平方表示出来。而且,所有经过如此运算的数量完全能用直尺和圆规作出来,由此可以看到,我们要讨论一个图形是否可用直尺和圆规做出时,首先要列出表示此图形的方程,如果此方程在实数域中可分解成一次或二次因式,那么,一切实数根就可以用尺规做出;如果此方程不能分解成上述情形,那么,只要此方程的实根可用有限次的四则运算和开平方运算表示成一个已知几何量的函数，那么，这个图形也可以用尺规做出。否则，此图形不可能用尺规做出。

然后，我们再来看一个实际例题。

例：证明只用尺规三等分任意角不可能。

按照上述分析，首先要建立表示三等分角的方程。这里，我们只要证明一个特殊角不可能用尺规三等分，关于任意角的结论就自然证得。

证明：在单位圆 O 上取 $\angle AOC = 120°$，设 $\angle\alpha = 40°$，若 $OB = \cos 40°$ 可用尺规做出，则尺规三等分 120°角就成功了。

应用三角恒等式

$$2\cos 3\alpha = 8\cos^3\alpha - 6\cos\alpha$$

令 $x = 2\cos\alpha$，则有

$$2\cos 3\alpha = x^3 - 3x \qquad (1)$$

因为 $3\alpha = 120°$，$\cos 3\alpha = -\frac{1}{2}$，所以方程(1)可写作

$$x^3 - 3x + 1 = 0 \qquad (2)$$

方程(2)正是前面已经讨论过的方程(方程在给定域中的群之例)。

由题设$\angle AOC$在单位圆中,所以此方程所讨论的数域可限定在有理数域(因为单位圆的半径为1,而1的任何有限次的四则运算都在有理数的范围内)。

所以要解这个方程,必须要将一个立方根加入到有理数域内。而由前面讨论可知,尺规作图只能做出一个数的平方根,无法做出其立方根。也就是说,一个数的立方根是不能用尺规做出的。于是我们得到结论:

用直尺和圆规三等分任意角是不可能的。

类似地,我们还可以证明,用直尺和圆规解决倍立方体问题也是不可能的。

所谓倍立方体问题,是用直尺和圆规做出一个边长为x的立方体,使所作立方体的体积是已知立方体体积的2倍。

这个问题的方程应为

$$x^3=2$$

其数域是有理数域。我们知道,这个方程式的群有6

个置换。可以证明，当加入一个平方根和一个立方根于有理数域之后，此方程的群才会变成1。但由上例可知，一个立方根是不能用直尺、圆规做出的，所以这个倍立方体问题用尺规来完成是不可能的。

仿此，我们还可以应用群伦去讨论很多几何中的作图难题。例如，正多边形的作图问题等。

第九章　伽罗瓦的科学观和方法论

伽罗瓦在他短促的一生中，为人类科学史留下了许多极其宝贵的财富。他虽然只留下60页的著作，但其中所包含的内容却是惊人的丰富，他的思想极其深刻和早熟。这里除了包括我们前面重点介绍的关于群论与代数方程可解性的巨大贡献外，他还以笔记的形式，在数学的哲学思想、科学观念及方法论等方面，作了精辟而深刻的论述，从中体现出他对现代数学有着不可思议的远见卓识。因此，不仅伽罗瓦所创造的数学理论为现代数学的发展起到了巨大的推动作用，而且他的科学观和方法论，也对现代数学的发展产生了巨大的影响。

下面，我们以伽罗瓦笔记的形式分别介绍，以飨读者。

1. 发现和认识真理的科学观念

这篇文章是伽罗瓦 1832 年在圣佩拉吉监狱以笔记的形式写出的。前面我们曾经提到，伽罗瓦准备出狱后写两部著作，并在狱中已将序写完，这就是其中一部著作的序言，题名为《数学科学论纯粹分析的进展》。

数学科学论纯粹分析的进展

众所周知，在人类的全部知识中，纯粹分析是一个最非物质化、最合乎逻辑，而又唯一完全不以感性认识为转移的知识部分。因此，很多人得出结论：纯粹分析的各个部分彼此极其一致，而且在方法上也是相同的。但这是一种错误的看法。随便拿一本代数书——不论是教科书还是科学著作，其中除了大量乱七八糟的定理（它们的严谨性和普遍存在的混乱形成了奇特的对比）外，你们什么也找不到。看来，有些观念使作者大费周折，以致他无力把它们贯穿起来，而他的头脑已被作为著作基础的各种重要概念弄得精疲力竭，再也不能产生一个把这些概念连接在一起的思想了。

如果，你们碰到任何一种方法、任何一种联系或者任何一种对比，那么，它们必然是错误的和伪造的。章节划分全无根据，层次是任意的，编排方法也是因循旧习的。这种比缺乏方法更为严重的缺点，在教科书中尤其常见，因为在大多数情况下教科书的作者并没有充分认清他们所写的是什么东西。

没有跟科学打过交道的人，必定会感到这一切都很奇怪，因为他们通常把“数学”一词看作是“精确”一词的同义语。

但如果他们考虑到科学不过是人类智慧的这样一种产物，它注定了去研究和探索真理，而不是发现和认识真理，那么，他们就不至于这样大惊小怪了。事实上，如果有足够深邃的智慧能够立即掌握到不仅是我们已知的东西，而且是各种各样的一般数学真理的全部总和，那么，就有可能借助某些普遍原理中的同样方法，合乎逻辑地，又似乎机械地引申出这些真理；这样，就不会再有科学家在研究工作中所常碰到的障碍和困难了。但是，这也不尽然。科学家的任务更为艰巨，因而也就更为美好。科学发展又是比较不平衡的，因为它要通过一系列的配合才能得到发展，而在配合之中，偶然性所起的作用远非微不足道；科学的生命是混沌一团，它好比由于矿层的毗连而相互交错的矿物一样。这种情况不仅仅适用于其中每一个科学家的单独研究工作。分析家们用不着欺骗自己，因为他们并不是在演绎真理，而是在进行组合；他们对真理的领会，也是徘徊于左右之间。

每当涉及从来未曾研究明白的题目

时，不论是教科书或是科学著作，都犯有同样的毛病——叙述欠明确。只有范围十分狭小的问题才能在方法上得到应用的透彻的研究。可是要做到这一点，就需要高深的分析知识，但这整个工作做来无益，因而又使能够胜任这项任务的人弃而不顾。

跟类似这种缺点做斗争，不先克服自己对某一科学家的个人好恶是不严肃的。本文作者将避免这类暗礁。如果痛苦的往事保证他具有前一种感情，那么对科学的深刻爱好，将使他尊敬为科学服务的人，也将保证他不偏不倚，并使后一种感情成为不可能。

在科学中，很难只以批评的任务为限，我们之所以这样做，只是迫不得已。在进行了批评之后，只要我们力之所及，我们将指出按照我们的意见认为是正确的东西。这样一来，我们才有机会提醒读者注意与研究分析有关的新概念。我们在前几篇论文里就使读者取得这些概念，旨在以后再回到这些问题上面来。

如果涉及的是比较不那么抽象的东西,譬如,艺术的对象,却把批评别人的文章放在自己的作品前面,那就令人可笑了。这就意味着过分天真地去一再申述在实质上几乎永远是真实的事情,这也就是说,过分天真地去一再申述自己是一个有资格对与自己有关的事情作出判断的人。但是,现在的情况下,涉及的并不是具体的成就,而是人类所能理解的一切概念中最抽象的概念;在这种情况下,批评与讨论是同义词,而讨论就是把自己的思想和别人的思想进行对比。

总之,我打算在若干篇论文中阐述由于成千上万种情况以致过去未能发表出来的学术著作中的最普遍、最玄妙的部分。我仅仅提出这些论点,不用那些通常会使分析家们完全迷糊的关于一般概念的例证和补充而把这些论点复杂化起来。要想把这些论点叙述得极其认真,我将实事求是地讲述导致我得出这些论点的途径，讲述我必须加以克服的一些障碍。我希望读者能像我一样弄清楚这些问题。一旦达到这个目的，我就可以认为自己做了一件好事，虽然不是因为我给科学界直接带来好处，究竟是因为我树立了迄今未曾有过的认真的榜样。

（1832年3月29日至4月5日之间写于圣佩拉吉监狱）

从伽罗瓦的这篇笔记或者这篇序言中，我们可以领略伽罗瓦鲜明简练的文风、对待科学严肃认真的态度、对数学真理的客观性的认识以及自己对待科学真理的立场和观点。他认为，真理是客观存在的，无须人们去研究和探索，而最多只是去发现和认识。我们还可以看到，伽罗瓦在学术上与他在政治上一样，是彻底诚实的。他敢于坚持真理，坚持自己已经取得的成就，但也绝不掩饰自己的不足。这一点，在他为自己的另一部著作所做的序言中，写得更加明确而坦诚："必须加以注意的是，在考究这样新颖的问题,探索这样不平凡的道路时,我经常碰到一些我无法克服的困难。因此,在两篇研究报告中,特别是第二篇,经常可以遇到这样的句子:'我不知道'。我开头提到的那些读者是不会放过嘲笑我的机会的。不幸的是,作者对读者隐瞒困难会带来多大的害处,那是难已设想的。当竞争,也就是利己主义在科学界不再时行,当科学家们不要把印刷包裹寄到科学院去,而是协同工作的时候,每个人将急于发表最微不足道的资料,只是因为这些资料很新颖,而对其他资料就说'我不知道'。"

2. 科学家协同合作的科学观念

伽罗瓦关于科学家协同合作的科学观念很具开拓性和前瞻性,在现代数学研究中更体现出了它的重要性。他在一篇笔记中这样写道:

"在这里,正如在所有科学中一样,每个时代都提出自己当时存在的若干问题……看起来，往往是许多人同时产生同一种思想，仿佛是某种启示使他们同时恍然大悟似的。如果要找出这其中的原因，只要浏览我们前人的著作，就很容易发现它；那些同样的概念早已存在于前人的著作里，虽然目前还不知道它们的创始人是谁。

直到目前为止，科学还没有从科学家的学术研究所经常出现的那种巧合中得到很大的利益。见不得人的竞争，卑鄙的钩心斗角——这就是他们唯一的成果。但是，在这个事实上，不难发现这样的证据：科学家生来并不比所有其他的人要过孤独的生活；他们也是属于特定时代的人，而且迟早要协同合作。到了那时候，将有多少时间腾出来用于科学！

现在，分析家们对许多完全新型的问题发生兴趣。我们的任务即在于揭示（这些问题之间的联系）。”

这里，伽罗瓦指出科学家们经常不约而同地研究同一个问题，这是很自然的现象，关键在于不能互相贬低、钩心斗角，而应形成合理的协同合作，使科学得到更快更大的发展，并明确指出，这是未来科学发展的必由之路。伽罗瓦一针见血地指出当时科学界存在的弊端，同时指明了克服弊端的方法，足见其思想的深邃性。

3. 学校教育、教学改革的观点

伽罗瓦关于学校教育和教学改革的观点的阐述，集中体现在他发表于报刊《学校公报》上的一封公开信（这封信是在1831年1月2日刊登的），标题为《论数学教育、教师、科学著作和主考人》。全文如下：

编者先生：

如何同意登载下述有关巴黎各中学数学教育情况的看法，我将不胜感激。

首先，在谈到科学时，一位科学家的社

会观不应起任何作用;科学的职务不能成为任何一种政治见解或宗教见解的报酬物。使我感兴趣的,只是教师的好坏,至于他对任何问题(科学问题除外)的看法,都与我不相干。是不是能够毫无痛苦和愤慨地谈到,在复辟时期只有最起劲宣布自己的帝制派信念和宗教信念的人才能获得职位?而今情况也没有改变;庸碌之徒依然享有特权,尽管他们对新制度除厌恶外,毫无好感。话又说回来,在谈到科学的功绩时,政治见解就不应考虑在内。

我们且从中学谈起。大多数学习数学的中学生,都准备投考综合工科学校;为了帮助他们达到这个目的,究竟可以做些什么事情呢?在叙述最简单的方法时,是否有人尽力促使他们去领会真正的科学精神呢?对他们来说,推理的能力是否正在变成第二种记忆呢?或者适得其反,学习数学的方法越来越近于学习法语和拉丁语的方法呢?从前,一位教师可教给学生所需要的一切。现在要培养一个综合工科学校的预备生，却需要一两个补习教师。

不幸的年轻人要到什么时候才不再整天听讲或死记听到的东西呢？他们什么时候才有时间去思考他们得到的一大堆资料，并理解许多杂乱无章的一大堆定理以及彼此毫无联系的代数变换呢？要求学生使用最简单的具有一般意义的方法、变换和推理岂不更好？但是，不。那些废话连篇而又经过阉割的理论却要人们加以细心研究，而最出色的、最普通的代数定理倒被忽略掉了；本来学生们应该理解这些定理，却反而要去熟悉冗长的、并非永远都正确的运算，并且去论证一些不说自明的结果。

坏事的原因何在呢？当然不在中学教师，他们表现出最值得称赞的热诚。他们首先由于数学教学变成单纯手艺而叫苦连天。坏事的根源在于推销主考先生们的著作的书商。他们需要大部头的书籍；书里各种各样的资料越多，就越是有利可图。

这就是为什么我们可以看到，年年出版一些内容浩繁的汇编，在这种汇编中掺杂着德高望重的学者残缺不全的想法和中小学生的推论。

另一方面，为什么主考人只向考生提问错综复杂的问题呢？可能是他们生怕自己被他们的投考人所识破吧；这种在问题里塞进人为困难的可悲做法从何而来呢？莫非有人认为科学过于简单了吗？但由此可以得出什么呢？这样一来，学生所关心的并非获得教益，而是要求考试过关。他不得不为每个定理准备四个答案，以应付四个不同的主考人；他必须研究他们惯用的方法，并且事先不仅要背熟每个主考人可能提出的每个问题的答案，而且要学会在对答时如何才能沉得住气。因此，有充分权利可以说，若干年以前，已经出现了一门新科学，它一天天地取得越来越重要的意义。这门科学是研究主考老爷们的癖好和他们的情绪，研究他们在科学上爱好什么，厌恶什么。

你们很走运，你们已经幸运地通过了考试。此外，你们甚至被认为是巴黎人最佩服的200位数学家之一。你们以为你们已经达到目的了吧？你们错了，我将在下一封信里向你们证明这一点。

埃·伽罗瓦

伽罗瓦的这封告巴黎学生的信是饱含着他个人情感的，这是他在被赶出师范大学校门后，在家听候教育委员会最后决定的日子里写的。他深受旧的教育、教学、考试制度及科学院官僚们的伤害，所以这封信是以他的经历，以他的遭遇为依据，向旧的教育制度和科研机构射出的一枝利箭，发出铿锵有力的抨击。我们看到，这些抨击和论点，对我们现行的教育体制、教学方法及教材内容的改革都具有极其贴切的指导和警示作用。而这些教育中存在的问题和弊病，伽罗瓦早在近200年前就看得如此透彻，并且指明该如何做好学校的教育工作，又一次让我们领略到这位科学奇才的风采。

后　记

写完伽罗瓦的传奇故事,不禁掩卷沉思,心中百感交集。有对伽罗瓦奇才睿智的惊叹;有对他独特的见解和前瞻性极强的预见而由衷的敬仰;有对他为世人留下一笔极其宝贵的财富的感激;有对他为人正直坦诚、是非分明的人格的敬佩。他为坚持真理,不论是科学方面的还是政治方面的真理,都能做到勇往直前,不怕任何困难和挫折,甚至愿为之坐牢、流血甚至牺牲,这是一种多么崇高的精神啊!

伽罗瓦的一生惊心动魄、跌宕起伏,最后以悲剧的结果落幕。究其原因,当然有他主观上的原因,这是不能回避的,但更主要的原因还是当时的社会,甚至科学界也不愿接受他。对他那深邃的思想和锐利的观点,或以他的个性而不被接受,或以无法理解他的思想而错判,或以他作为一个科学工作者去参加政治运动而从心里排挤他，或因为他触犯了当局的法规而遭到迫害。由此可见，一位旷世奇才终因社会的冷落与迫害而过早地陨落。这是社会的悲剧，也是历史的悲剧，更是人类的悲剧。对于一颗仅仅闪耀了五年光辉的奇星，在外力的强大作用下，残酷地使它堕入深渊，这是一件不可挽回的憾事！

在此来追忆和评价这一憾事的主要目的并不是为了谴责，而是为了引起后人的警示！我们的教育工作者们，我们社会中每个涉及人才培养的部门都应切记这一教训。我们应该尊重每一位学生的个性及创造精神，而不应以自己感情的好恶来判定学生的好坏，不应该以顺从听话作为选择学生的标准，具有反叛精神的学生很可能是他今后创造发明的一个闪光点。伽罗瓦就是一个鲜明的例子。希望通过我们的双手来呵护浇灌每一朵奇异之花，通过我们的智慧去发现即将闪耀的新星。

作　者

伽罗瓦年表

1811.10.25 · 生于法国巴黎附近的小城布尔－拉－雷因。

1823 · 进入路易－勒－格兰皇家中学。

1825 · 与数学教师范涅尔建立友谊,对数学产生兴趣。

1829.5 · 首次向法国科学院提出关于高次方程可解性理论的研究报告;同年报考巴黎综合工科学校,失败后,进入巴黎师范大学。

1829.6—1830.2 · 赶写参评法国科学院大奖的论文《关于方程可解性理论》。

1830 年底 · 法国科学院通知他研究报告遗失,并建议再写一份研究简述。

1831.1.8 · 因参与政治活动被巴黎师范大学无理开除。

1831.5.9 · 因参加反政府活动而被捕,不久被释放。

1831.7.11 · 参评法国科学院大奖的论文被否定。

1831.7.14 · 因参加反政府游行再次被捕,后被监禁 9 个月。

1832.5.31 · 在参加决斗后因伤去世。

参考文献

[1]A. 达尔玛. 伽罗瓦传[M]. 邵循岱译. 北京:商务印书馆,1981.

[2]袁小明. 世界著名数学家评传[M]. 南京:江苏教育出版社,1990.

[3]杜瑞芝. 数学史辞典[M]. 济南:山东教育出版社,2000.

[4]陈栋. 法国的历史与现状[M]. 北京:旅游教育出版社,1988.

[5]杜瑞芝. 数学史辞典新编[M]. 济南:山东教育出版社,2017.

刘培杰数学工作室
已出版(即将出版)图书目录——初等数学

书　名	出版时间	定　价	编号
新编中学数学解题方法全书(高中版)上卷	2007－09	38.00	7
新编中学数学解题方法全书(高中版)中卷	2007－09	48.00	8
新编中学数学解题方法全书(高中版)下卷(一)	2007－09	42.00	17
新编中学数学解题方法全书(高中版)下卷(二)	2007－09	38.00	18
新编中学数学解题方法全书(高中版)下卷(三)	2010－06	58.00	73
新编中学数学解题方法全书(初中版)上卷	2008－01	28.00	29
新编中学数学解题方法全书(初中版)中卷	2010－07	38.00	75
新编中学数学解题方法全书(高考复习卷)	2010－01	48.00	67
新编中学数学解题方法全书(高考真题卷)	2010－01	38.00	62
新编中学数学解题方法全书(高考精华卷)	2011－03	68.00	118
新编平面解析几何解题方法全书(专题讲座卷)	2010－01	18.00	61
新编中学数学解题方法全书(自主招生卷)	2013－08	88.00	261
数学奥林匹克与数学文化(第一辑)	2006－05	48.00	4
数学奥林匹克与数学文化(第二辑)(竞赛卷)	2008－01	48.00	19
数学奥林匹克与数学文化(第二辑)(文化卷)	2008－07	58.00	36′
数学奥林匹克与数学文化(第三辑)(竞赛卷)	2010－01	48.00	59
数学奥林匹克与数学文化(第四辑)(竞赛卷)	2011－08	58.00	87
数学奥林匹克与数学文化(第五辑)	2015－06	98.00	370
世界著名平面几何经典著作钩沉——几何作图专题卷(上)	2009－06	48.00	49
世界著名平面几何经典著作钩沉——几何作图专题卷(下)	2011－01	88.00	80
世界著名平面几何经典著作钩沉(民国平面几何老课本)	2011－03	38.00	113
世界著名平面几何经典著作钩沉(建国初期平面三角老课本)	2015－08	38.00	507
世界著名解析几何经典著作钩沉——平面解析几何卷	2014－01	38.00	264
世界著名数论经典著作钩沉(算术卷)	2012－01	28.00	125
世界著名数学经典著作钩沉——立体几何卷	2011－02	28.00	88
世界著名三角学经典著作钩沉(平面三角卷Ⅰ)	2010－06	28.00	69
世界著名三角学经典著作钩沉(平面三角卷Ⅱ)	2011－01	38.00	78
世界著名初等数论经典著作钩沉(理论和实用算术卷)	2011－07	38.00	126
发展你的空间想象力	2017－06	38.00	785
走向国际数学奥林匹克的平面几何试题诠释(上、下)(第1版)	2007－01	68.00	11,12
走向国际数学奥林匹克的平面几何试题诠释(上、下)(第2版)	2010－02	98.00	63,64
平面几何证明方法全书	2007－08	35.00	1
平面几何证明方法全书习题解答(第1版)	2005－10	18.00	2
平面几何证明方法全书习题解答(第2版)	2006－12	18.00	10
平面几何天天练上卷・基础篇(直线型)	2013－01	58.00	208
平面几何天天练中卷・基础篇(涉及圆)	2013－01	28.00	234
平面几何天天练下卷・提高篇	2013－01	58.00	237
平面几何专题研究	2013－07	98.00	258

刘培杰数学工作室
已出版(即将出版)图书目录——初等数学

书　　名	出版时间	定　价	编号
最新世界各国数学奥林匹克中的平面几何试题	2007－09	38.00	14
数学竞赛平面几何典型题及新颖解	2010－07	48.00	74
初等数学复习及研究(平面几何)	2008－09	58.00	38
初等数学复习及研究(立体几何)	2010－06	38.00	71
初等数学复习及研究(平面几何)习题解答	2009－01	48.00	42
几何学教程(平面几何卷)	2011－03	68.00	90
几何学教程(立体几何卷)	2011－07	68.00	130
几何变换与几何证题	2010－06	88.00	70
计算方法与几何证题	2011－06	28.00	129
立体几何技巧与方法	2014－04	88.00	293
几何瑰宝——平面几何 500 名题暨 1000 条定理(上、下)	2010－07	138.00	76,77
三角形的解法与应用	2012－07	18.00	183
近代的三角形几何学	2012－07	48.00	184
一般折线几何学	2015－08	48.00	503
三角形的五心	2009－06	28.00	51
三角形的六心及其应用	2015－10	68.00	542
三角形趣谈	2012－08	28.00	212
解三角形	2014－01	28.00	265
三角学专门教程	2014－09	28.00	387
图天下几何新题试卷.初中(第 2 版)	2017－11	58.00	855
圆锥曲线习题集(上册)	2013－06	68.00	255
圆锥曲线习题集(中册)	2015－01	78.00	434
圆锥曲线习题集(下册·第 1 卷)	2016－10	78.00	683
圆锥曲线习题集(下册·第 2 卷)	2018－01	98.00	853
论九点圆	2015－05	88.00	645
近代欧氏几何学	2012－03	48.00	162
罗巴切夫斯基几何学及几何基础概要	2012－07	28.00	188
罗巴切夫斯基几何学初步	2015－06	28.00	474
用三角、解析几何、复数、向量计算解数学竞赛几何题	2015－03	48.00	455
美国中学几何教程	2015－04	88.00	458
三线坐标与三角形特征点	2015－04	98.00	460
平面解析几何方法与研究(第 1 卷)	2015－05	18.00	471
平面解析几何方法与研究(第 2 卷)	2015－06	18.00	472
平面解析几何方法与研究(第 3 卷)	2015－07	18.00	473
解析几何研究	2015－01	38.00	425
解析几何学教程.上	2016－01	38.00	574
解析几何学教程.下	2016－01	38.00	575
几何学基础	2016－01	58.00	581
初等几何研究	2015－02	58.00	444
十九和二十世纪欧氏几何学中的片段	2017－01	58.00	696
平面几何中考.高考.奥数一本通	2017－07	28.00	820
几何学简史	2017－08	28.00	833
四面体	2018－01	48.00	880

刘培杰数学工作室
已出版(即将出版)图书目录——初等数学

书　　名	出版时间	定　价	编号
俄罗斯平面几何问题集	2009-08	88.00	55
俄罗斯立体几何问题集	2014-03	58.00	283
俄罗斯几何大师——沙雷金论数学及其他	2014-01	48.00	271
来自俄罗斯的 5000 道几何习题及解答	2011-03	58.00	89
俄罗斯初等数学问题集	2012-05	38.00	177
俄罗斯函数问题集	2011-03	38.00	103
俄罗斯组合分析问题集	2011-01	48.00	79
俄罗斯初等数学万题选——三角卷	2012-11	38.00	222
俄罗斯初等数学万题选——代数卷	2013-08	68.00	225
俄罗斯初等数学万题选——几何卷	2014-01	68.00	226
463 个俄罗斯几何老问题	2012-01	28.00	152
谈谈素数	2011-03	18.00	91
平方和	2011-03	18.00	92
整数论	2011-05	38.00	120
从整数谈起	2015-10	28.00	538
数与多项式	2016-01	38.00	558
谈谈不定方程	2011-05	28.00	119
解析不等式新论	2009-06	68.00	48
建立不等式的方法	2011-03	98.00	104
数学奥林匹克不等式研究	2009-08	68.00	56
不等式研究(第二辑)	2012-02	68.00	153
不等式的秘密(第一卷)	2012-02	28.00	154
不等式的秘密(第一卷)(第 2 版)	2014-02	38.00	286
不等式的秘密(第二卷)	2014-01	38.00	268
初等不等式的证明方法	2010-06	38.00	123
初等不等式的证明方法(第二版)	2014-11	38.00	407
不等式·理论·方法(基础卷)	2015-07	38.00	496
不等式·理论·方法(经典不等式卷)	2015-07	38.00	497
不等式·理论·方法(特殊类型不等式卷)	2015-07	48.00	498
不等式探究	2016-03	38.00	582
不等式探秘	2017-01	88.00	689
四面体不等式	2017-01	68.00	715
数学奥林匹克中常见重要不等式	2017-09	38.00	845
同余理论	2012-05	38.00	163
[x]与{x}	2015-04	48.00	476
极值与最值.上卷	2015-06	28.00	486
极值与最值.中卷	2015-06	38.00	487
极值与最值.下卷	2015-06	28.00	488
整数的性质	2012-11	38.00	192
完全平方数及其应用	2015-08	78.00	506
多项式理论	2015-10	88.00	541
奇数、偶数、奇偶分析法	2018-01	98.00	876

刘培杰数学工作室
已出版(即将出版)图书目录——初等数学

书　名	出版时间	定　价	编号
历届美国中学生数学竞赛试题及解答(第一卷)1950—1954	2014—07	18.00	277
历届美国中学生数学竞赛试题及解答(第二卷)1955—1959	2014—04	18.00	278
历届美国中学生数学竞赛试题及解答(第三卷)1960—1964	2014—06	18.00	279
历届美国中学生数学竞赛试题及解答(第四卷)1965—1969	2014—04	28.00	280
历届美国中学生数学竞赛试题及解答(第五卷)1970—1972	2014—06	18.00	281
历届美国中学生数学竞赛试题及解答(第六卷)1973—1980	2017—07	18.00	768
历届美国中学生数学竞赛试题及解答(第七卷)1981—1986	2015—01	18.00	424
历届美国中学生数学竞赛试题及解答(第八卷)1987—1990	2017—05	18.00	769
历届 IMO 试题集(1959—2005)	2006—05	58.00	5
历届 CMO 试题集	2008—09	28.00	40
历届中国数学奥林匹克试题集(第 2 版)	2017—03	38.00	757
历届加拿大数学奥林匹克试题集	2012—08	38.00	215
历届美国数学奥林匹克试题集:多解推广加强	2012—08	38.00	209
历届美国数学奥林匹克试题集:多解推广加强(第 2 版)	2016—03	48.00	592
历届波兰数学竞赛试题集.第 1 卷,1949～1963	2015—03	18.00	453
历届波兰数学竞赛试题集.第 2 卷,1964～1976	2015—03	18.00	454
历届巴尔干数学奥林匹克试题集	2015—05	38.00	466
保加利亚数学奥林匹克	2014—10	38.00	393
圣彼得堡数学奥林匹克试题集	2015—01	38.00	429
匈牙利奥林匹克数学竞赛题解.第 1 卷	2016—05	28.00	593
匈牙利奥林匹克数学竞赛题解.第 2 卷	2016—05	28.00	594
历届美国数学邀请赛试题集(第 2 版)	2017—10	78.00	851
全国高中数学竞赛试题及解答.第 1 卷	2014—07	38.00	331
普林斯顿大学数学竞赛	2016—06	38.00	669
亚太地区数学奥林匹克竞赛题	2015—07	18.00	492
日本历届(初级)广中杯数学竞赛试题及解答.第 1 卷(2000～2007)	2016—05	28.00	641
日本历届(初级)广中杯数学竞赛试题及解答.第 2 卷(2008～2015)	2016—05	38.00	642
360 个数学竞赛问题	2016—08	58.00	677
奥数最佳实战题.上卷	2017—06	38.00	760
奥数最佳实战题.下卷	2017—05	58.00	761
哈尔滨市早期中学数学竞赛试题汇编	2016—07	28.00	672
全国高中数学联赛试题及解答:1981—2015	2016—08	98.00	676
20 世纪 50 年代全国部分城市数学竞赛试题汇编	2017—07	28.00	797
高中数学竞赛培训教程:整除与同余以及不定方程	2018—01	88.00	869
高考数学临门一脚(含密押三套卷)(理科版)	2017—01	45.00	743
高考数学临门一脚(含密押三套卷)(文科版)	2017—01	45.00	744
新课标高考数学题型全归纳(文科版)	2015—05	72.00	467
新课标高考数学题型全归纳(理科版)	2015—05	82.00	468
洞穿高考数学解答题核心考点(理科版)	2015—11	49.80	550
洞穿高考数学解答题核心考点(文科版)	2015—11	46.80	551

刘培杰数学工作室
已出版(即将出版)图书目录——初等数学

书　名	出版时间	定　价	编号
高考数学题型全归纳:文科版.上	2016-05	53.00	663
高考数学题型全归纳:文科版.下	2016-05	53.00	664
高考数学题型全归纳:理科版.上	2016-05	58.00	665
高考数学题型全归纳:理科版.下	2016-05	58.00	666
王连笑教你怎样学数学:高考选择题解题策略与客观题实用训练	2014-01	48.00	262
王连笑教你怎样学数学:高考数学高层次讲座	2015-02	48.00	432
高考数学的理论与实践	2009-08	38.00	53
高考数学核心题型解题方法与技巧	2010-01	28.00	86
高考思维新平台	2014-03	38.00	259
30 分钟拿下高考数学选择题、填空题(理科版)	2016-10	39.80	720
30 分钟拿下高考数学选择题、填空题(文科版)	2016-10	39.80	721
高考数学压轴题解题诀窍(上)(第 2 版)	2018-01	58.00	874
高考数学压轴题解题诀窍(下)(第 2 版)	2018-01	48.00	875
北京市五区文科数学三年高考模拟题详解:2013~2015	2015-08	48.00	500
北京市五区理科数学三年高考模拟题详解:2013~2015	2015-09	68.00	505
向量法巧解数学高考题	2009-08	28.00	54
高考数学万能解题法(第 2 版)	即将出版	38.00	691
高考物理万能解题法(第 2 版)	即将出版	38.00	692
高考化学万能解题法(第 2 版)	即将出版	28.00	693
高考生物万能解题法(第 2 版)	即将出版	28.00	694
高考数学解题金典(第 2 版)	2017-01	78.00	716
高考物理解题金典(第 2 版)	即将出版	68.00	717
高考化学解题金典(第 2 版)	即将出版	58.00	718
我一定要赚分:高中物理	2016-01	38.00	580
数学高考参考	2016-01	78.00	589
2011~2015 年全国及各省市高考数学文科精品试题审题要津与解法研究	2015-10	68.00	539
2011~2015 年全国及各省市高考数学理科精品试题审题要津与解法研究	2015-10	88.00	540
最新全国及各省市高考数学试卷解法研究及点拨评析	2009-02	38.00	41
2011 年全国及各省市高考数学试题审题要津与解法研究	2011-10	48.00	139
2013 年全国及各省市高考数学试题解析与点评	2014-01	48.00	282
全国及各省市高考数学试题审题要津与解法研究	2015-02	48.00	450
新课标高考数学——五年试题分章详解(2007~2011)(上、下)	2011-10	78.00	140,141
全国中考数学压轴题审题要津与解法研究	2013-04	78.00	248
新编全国及各省市中考数学压轴题审题要津与解法研究	2014-05	58.00	342
全国及各省市 5 年中考数学压轴题审题要津与解法研究(2015 版)	2015-04	58.00	462
中考数学专题总复习	2007-04	28.00	6
中考数学较难题、难题常考题型解题方法与技巧.上	2016-01	48.00	584
中考数学较难题、难题常考题型解题方法与技巧.下	2016-01	58.00	585
中考数学较难题常考题型解题方法与技巧	2016-09	48.00	681
中考数学难题常考题型解题方法与技巧	2016-09	48.00	682

刘培杰数学工作室
已出版(即将出版)图书目录——初等数学

书　　名	出版时间	定　价	编号
中考数学选择填空压轴好题妙解 365	2017－05	38.00	759
中考数学小压轴汇编初讲	2017－07	48.00	788
中考数学大压轴专题微言	2017－09	48.00	846
北京中考数学压轴题解题方法突破(第 3 版)	2017－11	48.00	854
助你高考成功的数学解题智慧:知识是智慧的基础	2016－01	58.00	596
助你高考成功的数学解题智慧:错误是智慧的试金石	2016－04	58.00	643
助你高考成功的数学解题智慧:方法是智慧的推手	2016－04	68.00	657
高考数学奇思妙解	2016－04	38.00	610
高考数学解题策略	2016－05	48.00	670
数学解题泄天机(第 2 版)	2017－10	48.00	850
高考物理压轴题全解	2017－04	48.00	746
高中物理经典问题 25 讲	2017－05	28.00	764
高中物理教学讲义	2018－01	48.00	871
2016 年高考文科数学真题研究	2017－04	58.00	754
2016 年高考理科数学真题研究	2017－04	78.00	755
初中数学、高中数学脱节知识补缺教材	2017－06	48.00	766
高考数学小题抢分必练	2017－10	48.00	834
高考数学核心素养解读	2017－09	38.00	839
高考数学客观题解题方法和技巧	2017－10	38.00	847
十年高考数学精品试题审题要津与解法研究.上卷	2018－01	68.00	872
十年高考数学精品试题审题要津与解法研究.下卷	2018－01	58.00	873
中国历届高考数学试题及解答.1949－1979	2018－01	38.00	877
新编 640 个世界著名数学智力趣题	2014－01	88.00	242
500 个最新世界著名数学智力趣题	2008－06	48.00	3
400 个最新世界著名数学最值问题	2008－09	48.00	36
500 个世界著名数学征解问题	2009－06	48.00	52
400 个中国最佳初等数学征解老问题	2010－01	48.00	60
500 个俄罗斯数学经典老题	2011－01	28.00	81
1000 个国外中学物理好题	2012－04	48.00	174
300 个日本高考数学题	2012－05	38.00	142
700 个早期日本高考数学试题	2017－02	88.00	752
500 个前苏联早期高考数学试题及解答	2012－05	28.00	185
546 个早期俄罗斯大学生数学竞赛题	2014－03	38.00	285
548 个来自美苏的数学好问题	2014－11	28.00	396
20 所苏联著名大学早期入学试题	2015－02	18.00	452
161 道德国工科大学生必做的微分方程习题	2015－05	28.00	469
500 个德国工科大学生必做的高数习题	2015－06	28.00	478
360 个数学竞赛问题	2016－08	58.00	677
德国讲义日本考题.微积分卷	2015－04	48.00	456
德国讲义日本考题.微分方程卷	2015－04	38.00	457
二十世纪中叶中、英、美、日、法、俄高考数学试题精选	2017－06	38.00	783

刘培杰数学工作室
已出版(即将出版)图书目录——初等数学

书　　名	出版时间	定　价	编号
中国初等数学研究　2009 卷(第 1 辑)	2009－05	20.00	45
中国初等数学研究　2010 卷(第 2 辑)	2010－05	30.00	68
中国初等数学研究　2011 卷(第 3 辑)	2011－07	60.00	127
中国初等数学研究　2012 卷(第 4 辑)	2012－07	48.00	190
中国初等数学研究　2014 卷(第 5 辑)	2014－02	48.00	288
中国初等数学研究　2015 卷(第 6 辑)	2015－06	68.00	493
中国初等数学研究　2016 卷(第 7 辑)	2016－04	68.00	609
中国初等数学研究　2017 卷(第 8 辑)	2017－01	98.00	712

几何变换(Ⅰ)	2014－07	28.00	353
几何变换(Ⅱ)	2015－06	28.00	354
几何变换(Ⅲ)	2015－01	38.00	355
几何变换(Ⅳ)	2015－12	38.00	356

初等数论难题集(第一卷)	2009－05	68.00	44
初等数论难题集(第二卷)(上、下)	2011－02	128.00	82,83
数论概貌	2011－03	18.00	93
代数数论(第二版)	2013－08	58.00	94
代数多项式	2014－06	38.00	289
初等数论的知识与问题	2011－02	28.00	95
超越数论基础	2011－03	28.00	96
数论初等教程	2011－03	28.00	97
数论基础	2011－03	18.00	98
数论基础与维诺格拉多夫	2014－03	18.00	292
解析数论基础	2012－08	28.00	216
解析数论基础(第二版)	2014－01	48.00	287
解析数论问题集(第二版)(原版引进)	2014－05	88.00	343
解析数论问题集(第二版)(中译本)	2016－04	88.00	607
解析数论基础(潘承洞,潘承彪著)	2016－07	98.00	673
解析数论导引	2016－07	58.00	674
数论入门	2011－03	38.00	99
代数数论入门	2015－03	38.00	448
数论开篇	2012－07	28.00	194
解析数论引论	2011－03	48.00	100
Barban Davenport Halberstam 均值和	2009－01	40.00	33
基础数论	2011－03	28.00	101
初等数论 100 例	2011－05	18.00	122
初等数论经典例题	2012－07	18.00	204
最新世界各国数学奥林匹克中的初等数论试题(上、下)	2012－01	138.00	144,145
初等数论(Ⅰ)	2012－01	18.00	156
初等数论(Ⅱ)	2012－01	18.00	157
初等数论(Ⅲ)	2012－01	28.00	158

刘培杰数学工作室
已出版(即将出版)图书目录——初等数学

书　　名	出版时间	定　价	编号
平面几何与数论中未解决的新老问题	2013－01	68.00	229
代数数论简史	2014－11	28.00	408
代数数论	2015－09	88.00	532
代数、数论及分析习题集	2016－11	98.00	695
数论导引提要及习题解答	2016－01	48.00	559
素数定理的初等证明. 第 2 版	2016－09	48.00	686
数论中的模函数与狄利克雷级数(第二版)	2017－11	78.00	837
数论:数学导引	2018－01	68.00	849
数学眼光透视(第 2 版)	2017－06	78.00	732
数学思想领悟(第 2 版)	2018－01	68.00	733
数学应用展观(第 2 版)	2017－08	68.00	737
数学建模导引	2008－01	28.00	23
数学方法溯源	2008－01	38.00	27
数学史话览胜(第 2 版)	2017－01	48.00	736
数学思维技术	2013－09	38.00	260
数学解题引论	2017－05	48.00	735
数学竞赛采风	2018－01	68.00	739
从毕达哥拉斯到怀尔斯	2007－10	48.00	9
从迪利克雷到维斯卡尔迪	2008－01	48.00	21
从哥德巴赫到陈景润	2008－05	98.00	35
从庞加莱到佩雷尔曼	2011－08	138.00	136
博弈论精粹	2008－03	58.00	30
博弈论精粹. 第二版(精装)	2015－01	88.00	461
数学 我爱你	2008－01	28.00	20
精神的圣徒　别样的人生——60 位中国数学家成长的历程	2008－09	48.00	39
数学史概论	2009－06	78.00	50
数学史概论(精装)	2013－03	158.00	272
数学史选讲	2016－01	48.00	544
斐波那契数列	2010－02	28.00	65
数学拼盘和斐波那契魔方	2010－07	38.00	72
斐波那契数列欣赏	2011－01	28.00	160
数学的创造	2011－02	48.00	85
数学美与创造力	2016－01	48.00	595
数海拾贝	2016－01	48.00	590
数学中的美	2011－02	38.00	84
数论中的美学	2014－12	38.00	351

刘培杰数学工作室
已出版(即将出版)图书目录——初等数学

书 名	出版时间	定 价	编号
数学王者 科学巨人——高斯	2015-01	28.00	428
振兴祖国数学的圆梦之旅:中国初等数学研究史话	2015-06	98.00	490
二十世纪中国数学史料研究	2015-10	48.00	536
数字谜、数阵图与棋盘覆盖	2016-01	58.00	298
时间的形状	2016-01	38.00	556
数学发现的艺术:数学探索中的合情推理	2016-07	58.00	671
活跃在数学中的参数	2016-07	48.00	675
数学解题——靠数学思想给力(上)	2011-07	38.00	131
数学解题——靠数学思想给力(中)	2011-07	48.00	132
数学解题——靠数学思想给力(下)	2011-07	38.00	133
我怎样解题	2013-01	48.00	227
数学解题中的物理方法	2011-06	28.00	114
数学解题的特殊方法	2011-06	48.00	115
中学数学计算技巧	2012-01	48.00	116
中学数学证明方法	2012-01	58.00	117
数学趣题巧解	2012-03	28.00	128
高中数学教学通鉴	2015-05	58.00	479
和高中生漫谈:数学与哲学的故事	2014-08	28.00	369
算术问题集	2017-03	38.00	789
自主招生考试中的参数方程问题	2015-01	28.00	435
自主招生考试中的极坐标问题	2015-04	28.00	463
近年全国重点大学自主招生数学试题全解及研究. 华约卷	2015-02	38.00	441
近年全国重点大学自主招生数学试题全解及研究. 北约卷	2016-05	38.00	619
自主招生数学解证宝典	2015-09	48.00	535
格点和面积	2012-07	18.00	191
射影几何趣谈	2012-04	28.00	175
斯潘纳尔引理——从一道加拿大数学奥林匹克试题谈起	2014-01	28.00	228
李普希兹条件——从几道近年高考数学试题谈起	2012-10	18.00	221
拉格朗日中值定理——从一道北京高考试题的解法谈起	2015-10	18.00	197
闵科夫斯基定理——从一道清华大学自主招生试题谈起	2014-01	28.00	198
哈尔测度——从一道冬令营试题的背景谈起	2012-08	28.00	202
切比雪夫逼近问题——从一道中国台北数学奥林匹克试题谈起	2013-04	38.00	238
伯恩斯坦多项式与贝齐尔曲面——从一道全国高中数学联赛试题谈起	2013-03	38.00	236
卡塔兰猜想——从一道普特南竞赛试题谈起	2013-06	18.00	256
麦卡锡函数和阿克曼函数——从一道前南斯拉夫数学奥林匹克试题谈起	2012-08	18.00	201
贝蒂定理与拉姆贝克莫斯尔定理——从一个拣石子游戏谈起	2012-08	18.00	217
皮亚诺曲线和豪斯道夫分球定理——从无限集谈起	2012-08	18.00	211
平面凸图形与凸多面体	2012-10	28.00	218
斯坦因豪斯问题——从一道二十五省市自治区中学数学竞赛试题谈起	2012-07	18.00	196

刘培杰数学工作室
已出版(即将出版)图书目录——初等数学

书　名	出版时间	定　价	编号
纽结理论中的亚历山大多项式与琼斯多项式——从一道北京市高一数学竞赛试题谈起	2012－07	28.00	195
原则与策略——从波利亚"解题表"谈起	2013－04	38.00	244
转化与化归——从三大尺规作图不能问题谈起	2012－08	28.00	214
代数几何中的贝祖定理(第一版)——从一道IMO试题的解法谈起	2013－08	18.00	193
成功连贯理论与约当块理论——从一道比利时数学竞赛试题谈起	2012－04	18.00	180
素数判定与大数分解	2014－08	18.00	199
置换多项式及其应用	2012－10	18.00	220
椭圆函数与模函数——从一道美国加州大学洛杉矶分校(UCLA)博士资格考题谈起	2012－10	28.00	219
差分方程的拉格朗日方法——从一道2011年全国高考理科试题的解法谈起	2012－08	28.00	200
力学在几何中的一些应用	2013－01	38.00	240
高斯散度定理、斯托克斯定理和平面格林定理——从一道国际大学生数学竞赛试题谈起	即将出版		
康托洛维奇不等式——从一道全国高中联赛试题谈起	2013－03	28.00	337
西格尔引理——从一道第18届IMO试题的解法谈起	即将出版		
罗斯定理——从一道前苏联数学竞赛试题谈起	即将出版		
拉克斯定理和阿廷定理——从一道IMO试题的解法谈起	2014－01	58.00	246
毕卡大定理——从一道美国大学数学竞赛试题谈起	2014－07	18.00	350
贝齐尔曲线——从一道全国高中联赛试题谈起	即将出版		
拉格朗日乘子定理——从一道2005年全国高中联赛试题的高等数学解法谈起	2015－05	28.00	480
雅可比定理——从一道日本数学奥林匹克试题谈起	2013－04	48.00	249
李天岩－约克定理——从一道波兰数学竞赛试题谈起	2014－06	28.00	349
整系数多项式因式分解的一般方法——从克朗耐克算法谈起	即将出版		
布劳维不动点定理——从一道前苏联数学奥林匹克试题谈起	2014－01	38.00	273
伯恩赛德定理——从一道英国数学奥林匹克试题谈起	即将出版		
布查特－莫斯特定理——从一道上海市初中竞赛试题谈起	即将出版		
数论中的同余数问题——从一道普特南竞赛试题谈起	即将出版		
范·德蒙行列式——从一道美国数学奥林匹克试题谈起	即将出版		
中国剩余定理：总数法构建中国历史年表	2015－01	28.00	430
牛顿程序与方程求根——从一道全国高考试题解法谈起	即将出版		
库默尔定理——从一道IMO预选试题谈起	即将出版		
卢丁定理——从一道冬令营试题的解法谈起	即将出版		
沃斯滕霍姆定理——从一道IMO预选试题谈起	即将出版		
卡尔松不等式——从一道莫斯科数学奥林匹克试题谈起	即将出版		
信息论中的香农熵——从一道近年高考压轴题谈起	即将出版		
约当不等式——从一道希望杯竞赛试题谈起	即将出版		
拉比诺维奇定理	即将出版		
刘维尔定理——从一道《美国数学月刊》征解问题的解法谈起	即将出版		
卡塔兰恒等式与级数求和——从一道IMO试题的解法谈起	即将出版		
勒让德猜想与素数分布——从一道爱尔兰竞赛试题谈起	即将出版		
天平称重与信息论——从一道基辅市数学奥林匹克试题谈起	即将出版		
哈密尔顿－凯莱定理：从一道高中数学联赛试题的解法谈起	2014－09	18.00	376
艾思特曼定理——从一道CMO试题的解法谈起	即将出版		

刘培杰数学工作室
已出版(即将出版)图书目录——初等数学

书名	出版时间	定价	编号
一个爱尔特希问题——从一道西德数学奥林匹克试题谈起	即将出版		
有限群中的爱丁格尔问题——从一道北京市初中二年级数学竞赛试题谈起	即将出版		
贝克码与编码理论——从一道全国高中联赛试题谈起	即将出版		
帕斯卡三角形	2014－03	18.00	294
蒲丰投针问题——从 2009 年清华大学的一道自主招生试题谈起	2014－01	38.00	295
斯图姆定理——从一道"华约"自主招生试题的解法谈起	2014－01	18.00	296
许瓦兹引理——从一道加利福尼亚大学伯克利分校数学系博士生试题谈起	2014－08	18.00	297
拉姆塞定理——从王诗宬院士的一个问题谈起	2016－04	48.00	299
坐标法	2013－12	28.00	332
数论三角形	2014－04	38.00	341
毕克定理	2014－07	18.00	352
数林掠影	2014－09	48.00	389
我们周围的概率	2014－10	38.00	390
凸函数最值定理:从一道华约自主招生题的解法谈起	2014－10	28.00	391
易学与数学奥林匹克	2014－10	38.00	392
生物数学趣谈	2015－01	18.00	409
反演	2015－01	28.00	420
因式分解与圆锥曲线	2015－01	18.00	426
轨迹	2015－01	28.00	427
面积原理:从常庚哲命的一道 CMO 试题的积分解法谈起	2015－01	48.00	431
形形色色的不动点定理:从一道 28 届 IMO 试题谈起	2015－01	38.00	439
柯西函数方程:从一道上海交大自主招生的试题谈起	2015－02	28.00	440
三角恒等式	2015－02	28.00	442
无理性判定:从一道 2014 年"北约"自主招生试题谈起	2015－01	38.00	443
数学归纳法	2015－03	18.00	451
极端原理与解题	2015－04	28.00	464
法雷级数	2014－08	18.00	367
摆线族	2015－01	38.00	438
函数方程及其解法	2015－05	38.00	470
含参数的方程和不等式	2012－09	28.00	213
希尔伯特第十问题	2016－01	38.00	543
无穷小量的求和	2016－01	28.00	545
切比雪夫多项式:从一道清华大学金秋营试题谈起	2016－01	38.00	583
泽肯多夫定理	2016－03	38.00	599
代数等式证题法	2016－01	28.00	600
三角等式证题法	2016－01	28.00	601
吴大任教授藏书中的一个因式分解公式:从一道美国数学邀请赛试题的解法谈起	2016－06	28.00	656
易卦——类万物的数学模型	2017－08	68.00	838
"不可思议"的数与数系可持续发展	2018－01	38.00	878
最短线	2018－01	38.00	879

幻方和魔方(第一卷)	2012－05	68.00	173
尘封的经典——初等数学经典文献选读(第一卷)	2012－07	48.00	205
尘封的经典——初等数学经典文献选读(第二卷)	2012－07	38.00	206

初级方程式论	2011－03	28.00	106
初等数学研究(Ⅰ)	2008－09	68.00	37
初等数学研究(Ⅱ)(上、下)	2009－05	118.00	46,47

刘培杰数学工作室
已出版(即将出版)图书目录——初等数学

书　　名	出版时间	定　价	编号
趣味初等方程妙题集锦	2014—09	48.00	388
趣味初等数论选美与欣赏	2015—02	48.00	445
耕读笔记(上卷):一位农民数学爱好者的初数探索	2015—04	28.00	459
耕读笔记(中卷):一位农民数学爱好者的初数探索	2015—05	28.00	483
耕读笔记(下卷):一位农民数学爱好者的初数探索	2015—05	28.00	484
几何不等式研究与欣赏.上卷	2016—01	88.00	547
几何不等式研究与欣赏.下卷	2016—01	48.00	552
初等数列研究与欣赏·上	2016—01	48.00	570
初等数列研究与欣赏·下	2016—01	48.00	571
趣味初等函数研究与欣赏.上	2016—09	48.00	684
趣味初等函数研究与欣赏.下	即将出版		685
火柴游戏	2016—05	38.00	612
智力解谜.第1卷	2017—07	38.00	613
智力解谜.第2卷	2017—07	38.00	614
故事智力	2016—07	48.00	615
名人们喜欢的智力问题	即将出版		616
数学大师的发现、创造与失误	2018—01	48.00	617
异曲同工	即将出版		618
数学的味道	2018—01	58.00	798
数贝偶拾——高考数学题研究	2014—04	28.00	274
数贝偶拾——初等数学研究	2014—04	38.00	275
数贝偶拾——奥数题研究	2014—04	48.00	276
钱昌本教你快乐学数学(上)	2011—12	48.00	155
钱昌本教你快乐学数学(下)	2012—03	58.00	171
集合、函数与方程	2014—01	28.00	300
数列与不等式	2014—01	38.00	301
三角与平面向量	2014—01	28.00	302
平面解析几何	2014—01	38.00	303
立体几何与组合	2014—01	28.00	304
极限与导数、数学归纳法	2014—01	38.00	305
趣味数学	2014—03	28.00	306
教材教法	2014—04	68.00	307
自主招生	2014—05	58.00	308
高考压轴题(上)	2015—01	48.00	309
高考压轴题(下)	2014—10	68.00	310
从费马到怀尔斯——费马大定理的历史	2013—10	198.00	Ⅰ
从庞加莱到佩雷尔曼——庞加莱猜想的历史	2013—10	298.00	Ⅱ
从切比雪夫到爱尔特希(上)——素数定理的初等证明	2013—07	48.00	Ⅲ
从切比雪夫到爱尔特希(下)——素数定理100年	2012—12	98.00	Ⅲ
从高斯到盖尔方特——二次域的高斯猜想	2013—10	198.00	Ⅳ
从库默尔到朗兰兹——朗兰兹猜想的历史	2014—01	98.00	Ⅴ
从比勃巴赫到德布朗斯——比勃巴赫猜想的历史	2014—02	298.00	Ⅵ
从麦比乌斯到陈省身——麦比乌斯变换与麦比乌斯带	2014—02	298.00	Ⅶ
从布尔到豪斯道夫——布尔方程与格论漫谈	2013—10	198.00	Ⅷ
从开普勒到阿诺德——三体问题的历史	2014—05	298.00	Ⅸ
从华林到华罗庚——华林问题的历史	2013—10	298.00	Ⅹ

刘培杰数学工作室
已出版(即将出版)图书目录——初等数学

书　　名	出版时间	定　价	编号
美国高中数学竞赛五十讲.第1卷(英文)	2014－08	28.00	357
美国高中数学竞赛五十讲.第2卷(英文)	2014－08	28.00	358
美国高中数学竞赛五十讲.第3卷(英文)	2014－09	28.00	359
美国高中数学竞赛五十讲.第4卷(英文)	2014－09	28.00	360
美国高中数学竞赛五十讲.第5卷(英文)	2014－10	28.00	361
美国高中数学竞赛五十讲.第6卷(英文)	2014－11	28.00	362
美国高中数学竞赛五十讲.第7卷(英文)	2014－12	28.00	363
美国高中数学竞赛五十讲.第8卷(英文)	2015－01	28.00	364
美国高中数学竞赛五十讲.第9卷(英文)	2015－01	28.00	365
美国高中数学竞赛五十讲.第10卷(英文)	2015－02	38.00	366
三角函数	2014－01	38.00	311
不等式	2014－01	38.00	312
数列	2014－01	38.00	313
方程	2014－01	28.00	314
排列和组合	2014－01	28.00	315
极限与导数	2014－01	28.00	316
向量	2014－09	38.00	317
复数及其应用	2014－08	28.00	318
函数	2014－01	38.00	319
集合	即将出版		320
直线与平面	2014－01	28.00	321
立体几何	2014－04	28.00	322
解三角形	即将出版		323
直线与圆	2014－01	28.00	324
圆锥曲线	2014－01	38.00	325
解题通法(一)	2014－07	38.00	326
解题通法(二)	2014－07	38.00	327
解题通法(三)	2014－05	38.00	328
概率与统计	2014－01	28.00	329
信息迁移与算法	即将出版		330
IMO 50年.第1卷(1959－1963)	2014－11	28.00	377
IMO 50年.第2卷(1964－1968)	2014－11	28.00	378
IMO 50年.第3卷(1969－1973)	2014－09	28.00	379
IMO 50年.第4卷(1974－1978)	2016－04	38.00	380
IMO 50年.第5卷(1979－1984)	2015－04	38.00	381
IMO 50年.第6卷(1985－1989)	2015－04	58.00	382
IMO 50年.第7卷(1990－1994)	2016－01	48.00	383
IMO 50年.第8卷(1995－1999)	2016－06	38.00	384
IMO 50年.第9卷(2000－2004)	2015－04	58.00	385
IMO 50年.第10卷(2005－2009)	2016－01	48.00	386
IMO 50年.第11卷(2010－2015)	2017－03	48.00	646

刘培杰数学工作室
已出版(即将出版)图书目录——初等数学

书　名	出版时间	定　价	编号
方程(第2版)	2017－04	38.00	624
三角函数(第2版)	2017－04	38.00	626
向量(第2版)	即将出版		627
立体几何(第2版)	2016－04	38.00	629
直线与圆(第2版)	2016－11	38.00	631
圆锥曲线(第2版)	2016－09	48.00	632
极限与导数(第2版)	2016－04	38.00	635
历届美国大学生数学竞赛试题集.第一卷(1938—1949)	2015－01	28.00	397
历届美国大学生数学竞赛试题集.第二卷(1950—1959)	2015－01	28.00	398
历届美国大学生数学竞赛试题集.第三卷(1960—1969)	2015－01	28.00	399
历届美国大学生数学竞赛试题集.第四卷(1970—1979)	2015－01	18.00	400
历届美国大学生数学竞赛试题集.第五卷(1980—1989)	2015－01	28.00	401
历届美国大学生数学竞赛试题集.第六卷(1990—1999)	2015－01	28.00	402
历届美国大学生数学竞赛试题集.第七卷(2000—2009)	2015－08	18.00	403
历届美国大学生数学竞赛试题集.第八卷(2010—2012)	2015－01	18.00	404
新课标高考数学创新题解题诀窍:总论	2014－09	28.00	372
新课标高考数学创新题解题诀窍:必修1～5分册	2014－08	38.00	373
新课标高考数学创新题解题诀窍:选修2－1,2－2,1－1,1－2分册	2014－09	38.00	374
新课标高考数学创新题解题诀窍:选修2－3,4－4,4－5分册	2014－09	18.00	375
全国重点大学自主招生英文数学试题全攻略:词汇卷	2015－07	48.00	410
全国重点大学自主招生英文数学试题全攻略:概念卷	2015－01	28.00	411
全国重点大学自主招生英文数学试题全攻略:文章选读卷(上)	2016－09	38.00	412
全国重点大学自主招生英文数学试题全攻略:文章选读卷(下)	2017－01	58.00	413
全国重点大学自主招生英文数学试题全攻略:试题卷	2015－07	38.00	414
全国重点大学自主招生英文数学试题全攻略:名著欣赏卷	2017－03	48.00	415
劳埃德数学趣题大全.题目卷.1:英文	2016－01	18.00	516
劳埃德数学趣题大全.题目卷.2:英文	2016－01	18.00	517
劳埃德数学趣题大全.题目卷.3:英文	2016－01	18.00	518
劳埃德数学趣题大全.题目卷.4:英文	2016－01	18.00	519
劳埃德数学趣题大全.题目卷.5:英文	2016－01	18.00	520
劳埃德数学趣题大全.答案卷:英文	2016－01	18.00	521
李成章教练奥数笔记.第1卷	2016－01	48.00	522
李成章教练奥数笔记.第2卷	2016－01	48.00	523
李成章教练奥数笔记.第3卷	2016－01	38.00	524
李成章教练奥数笔记.第4卷	2016－01	38.00	525
李成章教练奥数笔记.第5卷	2016－01	38.00	526
李成章教练奥数笔记.第6卷	2016－01	38.00	527
李成章教练奥数笔记.第7卷	2016－01	38.00	528
李成章教练奥数笔记.第8卷	2016－01	48.00	529
李成章教练奥数笔记.第9卷	2016－01	28.00	530

刘培杰数学工作室
已出版(即将出版)图书目录——初等数学

书　名	出版时间	定　价	编号
第19～23届"希望杯"全国数学邀请赛试题审题要津详细评注(初一版)	2014－03	28.00	333
第19～23届"希望杯"全国数学邀请赛试题审题要津详细评注(初二、初三版)	2014－03	38.00	334
第19～23届"希望杯"全国数学邀请赛试题审题要津详细评注(高一版)	2014－03	28.00	335
第19～23届"希望杯"全国数学邀请赛试题审题要津详细评注(高二版)	2014－03	38.00	336
第19～25届"希望杯"全国数学邀请赛试题审题要津详细评注(初一版)	2015－01	38.00	416
第19～25届"希望杯"全国数学邀请赛试题审题要津详细评注(初二、初三版)	2015－01	58.00	417
第19～25届"希望杯"全国数学邀请赛试题审题要津详细评注(高一版)	2015－01	48.00	418
第19～25届"希望杯"全国数学邀请赛试题审题要津详细评注(高二版)	2015－01	48.00	419
物理奥林匹克竞赛大题典——力学卷	2014－11	48.00	405
物理奥林匹克竞赛大题典——热学卷	2014－04	28.00	339
物理奥林匹克竞赛大题典——电磁学卷	2015－07	48.00	406
物理奥林匹克竞赛大题典——光学与近代物理卷	2014－06	28.00	345
历届中国东南地区数学奥林匹克试题集(2004～2012)	2014－06	18.00	346
历届中国西部地区数学奥林匹克试题集(2001～2012)	2014－07	18.00	347
历届中国女子数学奥林匹克试题集(2002～2012)	2014－08	18.00	348
数学奥林匹克在中国	2014－06	98.00	344
数学奥林匹克问题集	2014－01	38.00	267
数学奥林匹克不等式散论	2010－06	38.00	124
数学奥林匹克不等式欣赏	2011－09	38.00	138
数学奥林匹克超级题库(初中卷上)	2010－01	58.00	66
数学奥林匹克不等式证明方法和技巧(上、下)	2011－08	158.00	134,135
他们学什么:原民主德国中学数学课本	2016－09	38.00	658
他们学什么:英国中学数学课本	2016－09	38.00	659
他们学什么:法国中学数学课本.1	2016－09	38.00	660
他们学什么:法国中学数学课本.2	2016－09	28.00	661
他们学什么:法国中学数学课本.3	2016－09	38.00	662
他们学什么:苏联中学数学课本	2016－09	28.00	679
高中数学题典——集合与简易逻辑·函数	2016－07	48.00	647
高中数学题典——导数	2016－07	48.00	648
高中数学题典——三角函数·平面向量	2016－07	48.00	649
高中数学题典——数列	2016－07	58.00	650
高中数学题典——不等式·推理与证明	2016－07	38.00	651
高中数学题典——立体几何	2016－07	48.00	652
高中数学题典——平面解析几何	2016－07	78.00	653
高中数学题典——计数原理·统计·概率·复数	2016－07	48.00	654
高中数学题典——算法·平面几何·初等数论·组合数学·其他	2016－07	68.00	655

刘培杰数学工作室
已出版(即将出版)图书目录——初等数学

书　　名	出版时间	定　价	编号
台湾地区奥林匹克数学竞赛试题.小学一年级	2017-03	38.00	722
台湾地区奥林匹克数学竞赛试题.小学二年级	2017-03	38.00	723
台湾地区奥林匹克数学竞赛试题.小学三年级	2017-03	38.00	724
台湾地区奥林匹克数学竞赛试题.小学四年级	2017-03	38.00	725
台湾地区奥林匹克数学竞赛试题.小学五年级	2017-03	38.00	726
台湾地区奥林匹克数学竞赛试题.小学六年级	2017-03	38.00	727
台湾地区奥林匹克数学竞赛试题.初中一年级	2017-03	38.00	728
台湾地区奥林匹克数学竞赛试题.初中二年级	2017-03	38.00	729
台湾地区奥林匹克数学竞赛试题.初中三年级	2017-03	28.00	730
不等式证题法	2017-04	28.00	747
平面几何培优教程	即将出版		748
奥数鼎级培优教程.高一分册	即将出版		749
奥数鼎级培优教程.高二分册	即将出版		750
高中数学竞赛冲刺宝典	即将出版		751
初中尖子生数学超级题典.实数	2017-07	58.00	792
初中尖子生数学超级题典.式、方程与不等式	2017-08	58.00	793
初中尖子生数学超级题典.圆、面积	2017-08	38.00	794
初中尖子生数学超级题典.函数、逻辑推理	2017-08	48.00	795
初中尖子生数学超级题典.角、线段、三角形与多边形	2017-07	58.00	796
数学王子——高斯	2018-01	48.00	858
坎坷奇星——阿贝尔	2018-01	48.00	859
闪烁奇星——伽罗瓦	2018-01	58.00	860
无穷统帅——康托尔	2018-01	48.00	861
科学公主——柯瓦列夫斯卡娅	2018-01	48.00	862
抽象代数之母——埃米·诺特	2018-01	48.00	863
电脑先驱——图灵	2018-01	58.00	864
昔日神童——维纳	2018-01	48.00	865
数坛怪侠——爱尔特希	2018-01	68.00	866

联系地址:哈尔滨市南岗区复华四道街10号　哈尔滨工业大学出版社刘培杰数学工作室

网　　址:http://lpj.hit.edu.cn/

邮　　编:150006

联系电话:0451-86281378　　13904613167

E-mail:lpj1378@163.com